LEGO Harry Potter

LEXIKON DER MINIFIGUREN

TEXT VON
ELIZABETH DOWSETT

INHALT

DER STEIN DER WEISEN

DIE KAMMER DES SCHRECKENS

DER GEFANGENE VON ASKABAN

DER FEUERKELCH

DER ORDEN DES PHÖNIX

DER HALBBLUTPRINZ

DIE HEILIGTÜMER DES TODES

PHANTASTISCHE TIERWESEN

KAPITEL EINS

HARRY POTTER UND DER STEIN DER WEISEN™

BEI SEINER ANKUNFT in Hogwarts sieht sich Harry Potter plötzlich in eine völlig neue, unbekannte Zauberwelt versetzt. Doch er findet rasch seinen Platz: als Schüler im Haus Gryffindor, als Sucher in der Quidditch-Mannschaft und bei seinen Freunden, Ron und Hermine, die ihn immer unterstützen.

SCHNELLER! SCHNELL!
Harry Potter
ES IST SNAPE! ER VERHEXT DEN BESEN!
Hermine Granger
Marcus Flint
GRYFFINDOR

HARRY POTTER

DER JUNGE, DER ÜBERLEBT HAT

ALLE HEXEN UND ZAUBERER kennen Harry Potters Namen, doch er selbst weiß nicht, dass es Zauberei überhaupt gibt. Harry ist die einzige Person, die einen Todesfluch des Dunklen Zauberers, dessen Name nicht genannt werden darf, überlebt hat – als kleines Baby!

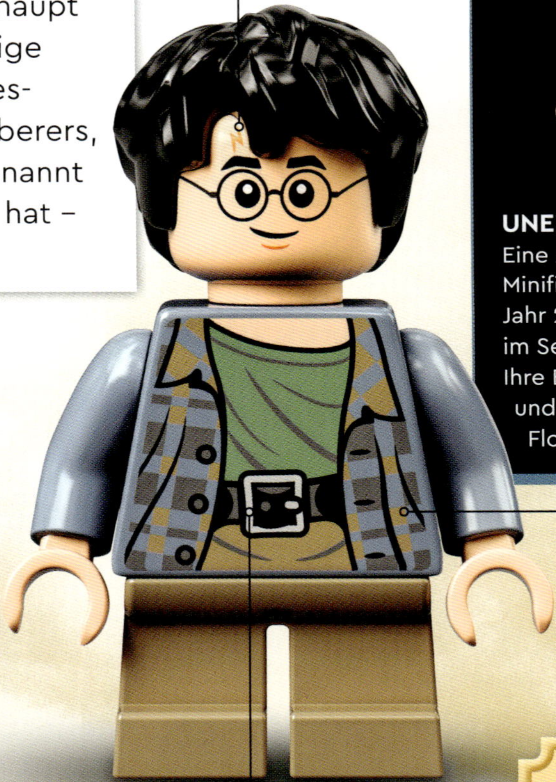

UNERWARTETER BONUS
Eine zweite Version dieser Minifigur von Harry war im Jahr 2020 eine Überraschung im Set Winkelgasse (75978). Ihre Brille ist zerbrochen und die Wangen sind mit Flohpulver verschmiert.

LIGUSTERWEG 4
Harry ist Waise und lebt bei Tante und Onkel. Er muss im Schrank unter der Treppe schlafen und kommt neben seinem rüpelhaften Cousin Dudley immer zu kurz.

ZAUBERAKTE

JAHR: 2021
SET: 76390: Harry Potter Adventskalender (2021)
ZUBEHÖR: Zauberstab

RUBEUS HAGRID

HÜTER DER SCHLÜSSEL UND LÄNDEREIEN IN HOGWARTS

ZAUBERAKTE

JAHR: 2018

SETS: 75954: Die große Halle von Hogwarts; 75947: Hagrids Hütte: Seidenschnabels Rettung; 75978: Winkelgasse

ZUBEHÖR: Regenschirm (Zauberstab), Laterne

HAGRID ist ein Halbriese mit einem guten, weichen Herzen. An Harrys elftem Geburtstag überbringt Hagrid ihm die Einladung an die Hogwarts-Schule und führt Harry in eine neue Welt voller Zauberei ein, die ihm Onkel und Tante bisher verschwiegen haben.

Große Taschen mit vielen nützlichen Dingen für einen Wildhüter

Der Halbriesenkörper hat normale Minifiguren-Beine.

HEDWIG

Schüler dürfen ein Haustier nach Hogwarts mitbringen. Hagrid schenkt Harry eine Schnee-Eule namens Hedwig. Sie ist nicht nur eine gute Freundin, sondern befördert auch Eulenpost.

HAGRIDS HÜTTE

Der Wildhüter Hagrid wohnt auf dem Gelände von Hogwarts. Seine kleine Hütte voller Werkzeug und Tiere ist warm und gemütlich. Im Kamin ist ein LEGO® Stein, der leuchten kann.

MR. OLLIVANDER

MEISTER DER ZAUBERSTÄBE

WUSSTEST DU, dass sich der Zauberstab den Zauberer aussucht und nicht umgekehrt? Dabei hilft Garrick Ollivander, der außergewöhnliche Zauberstabmacher. Seit Jahrzehnten führt er in seinem Laden in der Winkelgasse Hexen und Zauberer mit dem richtigen Stab zusammen.

Der Fast Kopflose Nick hat das gleiche zurückgekämmte Haar-Element.

Mr. Ollivander ist ein Gentleman, bei dem Halstuch, Weste und Samtjacke nicht fehlen dürfen.

Beide Ollivander-Minifiguren tragen diese Hose, aber sie haben verschiedene Torso-Elemente.

ZAUBERAKTE

JAHR: 2020

SET: 75978: Winkelgasse

ZUBEHÖR: Zauberstab

ZAUBERSTAB-LADEN

In Ollivanders Laden liegen unzählige längliche Schachteln mit lauter Zauberstäben. Jeder hat einen Kern aus Drachenherzfaser, Einhornhaar oder Phönixfeder, und jeder ist einzigartig.

EIN GROSSER MANN

Die erste Ollivander-Minifigur von 2018 überragte das kleine Modell der Einkaufsstraße im Set Winkelgasse (40289).

SERVIERWAGEN-HEXE

IMBISSVERKÄUFERIN IM ZUG

ZAUBERAKTE

JAHR: 2018

SET: 75955: Hogwarts Express

ZUBEHÖR: Servierwagen

Graues Haar: Niemand kann sich erinnern, dass im Zug je eine andere Hexe Süßigkeiten verkauft hätte!

Die Hände passen an den Wagen, der auch „Honigtopf-Express" genannt wird.

Die Minifigur von 2022 hat eine passende braune Hose anstelle dieser grauen Hose.

BITTE EINSTEIGEN in den Hogwarts-Express! Jedes Jahr am 1. September um 11 Uhr fährt der rote Zug vom Bahnhof King's Cross in London nach Hogwarts. An Bord sind alle Schüler und die Hexe, die den Wagen mit Süßigkeiten durch die Waggons schiebt und Leckereien verkauft.

IMBISSWAGEN

Der Wagen ist vollgestopft mit Kesselkuchen, Schokofröschen, Geleeschnecken, Lakritz-Zauberstäben, Kürbispasteten und Bertie Botts Bohnen in allen Geschmacksrichtungen.

EXQUISITES ESSEN

Harry lernt, dass magische Süßigkeiten schwieriger zu essen sind als die von Muggeln. Wenn man nicht aufpasst, hüpft der Schokofrosch aus dem Fenster!

DIE VIER GRÜNDER

DIE BRILLANTESTEN HEXEN UND ZAUBERER IHRER ZEIT

VOR MEHR ALS TAUSEND Jahren gründeten vier bedeutende Hexen und Zauberer gemeinsam eine Schule. In ihrem Geist weist der Sprechende Hut die Schüler den vier Häusern zu, die ihre Namen tragen und ihre Werte vertreten.

Kobolde schmiedeten das Gryffindor-Schwert aus Silber und besetzten es mit Rubinen.

Das Haar-Element ist das gleiche wie bei Mr. Ollivander, aber es ist als einziges feuerrot.

GODRIC GRYFFINDOR
Godric Gryffindor schätzte vor allem Mut, Tapferkeit und Entschlossenheit. Auf diesen Tugenden gründete er sein Haus mit dem Wappen eines Löwen. Brülle für Gryffindor!

Das leuchtende Rot und Gold in der Kleidung sind nun die Farben des Hauses Gryffindor.

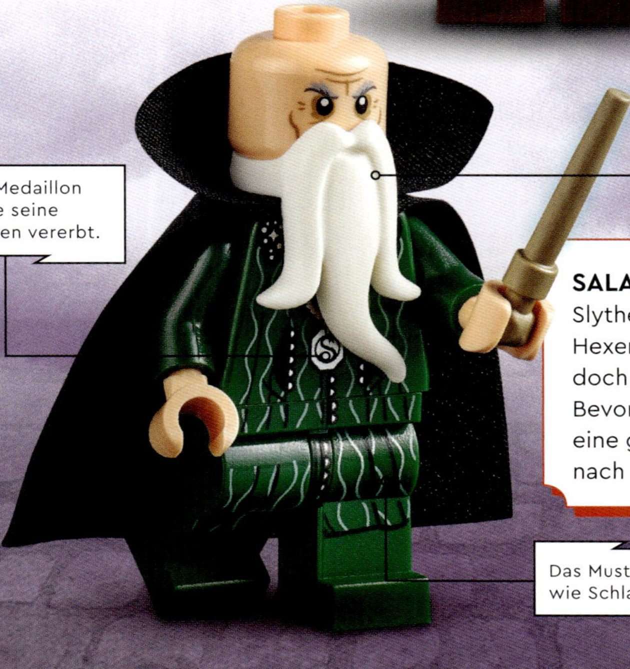

Slytherins Medaillon wird an alle seine Nachkommen vererbt.

Langer, schlangenartiger Bart

SALAZAR SLYTHERIN
Slytherin wollte nur reinblütige Hexen und Zauberer unterrichten, doch die anderen waren dagegen. Bevor er erbittert fortging, baute er eine geheime Kammer, die der Sage nach ein Ungeheuer beherbergt.

Das Muster sieht aus wie Schlangenhaut.

HELGA HUFFLEPUFF
Hufflepuff war es egal, aus welcher Familie jemand stammte: Sie schwor, alle Menschen gleich zu behandeln und zu unterrichten. Ihre Schüler sind meist fleißig, geduldig und loyal.

ZAUBERAKTE

JAHR: 2018

SET: 71043: Schloss Hogwarts

ZUBEHÖR: Zauberstäbe, mit Hauswappen bedruckte Platten, Hufflepuffs Kelch, Gryffindors Schwert

ROWENA RAVENCLAW
Getreu ihrem Motto „Witzigkeit im Übermaß ist des Menschen größter Schatz" steht Ravenclaw für Ideen, Intelligenz und Klugheit. In ihr Haus gehören die hellsten Köpfe unter den Schülern.

MINERVA MCGONAGALL

HAUSLEHRERIN VON GRYFFINDOR

ELEGANTE HOSEN
Zwei frühere Minifiguren trugen einen smaragdgrünen Umhang mit Hose und klassischem Hexenhut. Anders ist nur der ein- oder beidseitig bedruckte Kopf.

VERWANDLUNG
Professor McGonagall unterrichtet die magische Verwandlung von Dingen. Sie sorgt für Disziplin und Ordnung, ist aber gerecht und ihre Klasse ist sehr zufrieden.

PROFESSOR MCGONAGALL ist streng und duldet keinen Unsinn. Sie kümmert sich aber gut um ihre Schüler und behandelt jeden mit Respekt. Die sehr fähige Hexe ist ein Animagus und kann sich selbst in eine Katze verwandeln.

ZAUBERAKTE

JAHR: 2021

SETS: 76382: Hogwarts Moment: Verwandlungsunterricht; 76399: Hogwarts Zauberkoffer

ZUBEHÖR: Zauberstab, Kelch, Frosch

HARRY POTTER

ERSTES JAHR IN HOGWARTS

IN HOGWARTS findet Harry das Zuhause, das er sich immer gewünscht hat, und Gryffindor wird für ihn zu einer neuen Familie. Dabei muss er aber nicht nur neue Fächer lernen, sondern sich auch an die speziellen Sitten der Zauberwelt gewöhnen.

Das Gesicht gibt es auch schreckverzerrt.

Harry trägt eine Brille wie sein Vater.

Harry trägt Gryffindor-Farben – obwohl der Hut ihn fast nach Slytherin geschickt hätte.

ZAUBERAKTE

JAHR: 2021

SET: 76385: Hogwarts Moment: Zauberkunstunterricht

ZUBEHÖR: Zauberstab, Feder

DREI FREUNDE

In Hogwarts lernt Harry seine beiden besten Freunde Hermine und Ron kennen – ebenso wie ihre Haustiere, die Ratte Krätze und den Kater Krummbein.

KLEINE HARRYS

Die Harry-Versionen in Gryffindor-Kleidung mit kurzen Beinen sind aus den ersten beiden Jahren. Mit Schal und blauen Handschuhen kann er im Winter mit Hedwig ins Freie gehen.

HERMINE GRANGER

EIFRIGE SCHÜLERIN

HERMINE stammt aus einer Muggel-Familie und freut sich sehr auf Hogwarts. Sie hat *Die Geschichte von Hogwarts* komplett gelesen. Ihre Eltern können nicht zaubern, aber Hermine ist sehr klug und weiß bald über jede Einzelheit in der Zauberwelt Bescheid.

ZAUBERAKTE

JAHR: 2021

SET: 76382: Hogwarts Moment: Verwandlungsunterricht

ZUBEHÖR: Zauberstab

Die jüngeren Hermine-Minifiguren haben ein Haar-Element mit Pony und volleren Locken.

Hermine wird dem Haus Gryffindor zugeteilt, aber sie hätte auch gut nach Ravenclaw gepasst.

Die Minifiguren des ersten und zweiten Jahres haben kurze, einteilige Beine.

HELLES KÖPFCHEN

Hermine ist in allen Fächern die Beste. Sie mixt Zaubertränke ebenso gut, wie sie Federn schweben lässt oder Mäuse in Kelche verwandelt. Immer hebt sie als Erste die Hand.

DIE FARBEN

Bei der Ankunft kennt sie ihr Haus noch nicht und trägt graue Kleidung und eine schwarze Krawatte mit Schulabzeichen. Dann trägt sie Kleidung und Krawatte in den Hausfarben.

RON WEASLEY

NEUER SCHÜLER IN HOGWARTS

KUNSTSTÜCK
Ron findet den Unterricht in Hogwarts ziemlich anspruchsvoll. Es gibt neue Fächer und viel zu lernen. Im Verwandlungsunterricht soll er aus einer Ratte einen Kelch zaubern.

Rote Haare sind ein Familienkennzeichen.

Im Jahr 2021 kam dieser graue Pulli mit Gryffindor-Abzeichen heraus.

ZAUBERAKTE

JAHR: 2021

SET: 76382: Hogwarts Moment: Verwandlungsunterricht

ZUBEHÖR: Zauberstab, Kelch, Maus

IN UNIFORM
Drei Minifiguren des ersten und zweiten Jahres haben kurze Beine und tragen unterschiedliche Gryffindor-Kleidung. Eine Uniform ohne Abzeichen trägt Ron, bevor er nach Hogwarts kommt.

ALS SECHSTES VON SIEBEN Kindern und jüngster Sohn der Familie Weasley erhält Ron zu Hause kaum Aufmerksamkeit. In Hogwarts schließt er nun Freundschaften, auch mit dem berühmten Harry Potter, und macht sich langsam einen Namen.

HERMINE GRANGER

DIE JAHRGANGSBESTE

GUT, DASS HERMINE alles so genau beobachtet! Dank ihrer Geistesgegenwart, Klugheit und ihres guten Gedächtnisses erkennen sie, Harry und Ron im ersten Jahr, dass Hogwarts in großer Gefahr ist. Eine wichtige Frage lautet: Wer war Nicolas Flamel?

Alle kurzbeinigen Hermine-Minifiguren haben die gleiche kindliche Frisur.

Hermine kann auch erschrocken schauen – wegen dem dreiköpfigen Fluffy!

Die Rückseite des Torsos ist mit einer Kapuze bedruckt.

ZAUBERAKTE

JAHR: 2021

SETS: 76387: Hogwarts: Begegnung mit Fluffy; 76402: Hogwarts: Dumbledores Büro

ZUBEHÖR: Zauberstab, Kerze

WISSENSDURST

Als Hermine wissen will, wer Nicolas Flamel war, geht sie gleich in die Bibliothek. Sie erinnert sich an etwas, das sie gelesen hat: Flamel sei es gelungen, den magischen „Stein der Weisen" zu erschaffen.

UMHÄNGE

Hermine trägt einen bequemen, offenen Umhang im Schul-Set und einen Umhang mit Schal im Adventskalender.

ALBUS DUMBLEDORE

SCHULLEITER VON HOGWARTS

Frühe Dumbledore-Minifiguren haben graues Haar, spätere dann weißes.

DER BERÜHMTE ZAUBERER Albus Percival Wulfric Brian Dumbledore ist der Schulleiter von Hogwarts. Er ist beliebt und sehr geachtet. Doch einige Zauberer stören sich an seiner offenen Denkweise. Sie hätten lieber nur reinblütige Schüler in Hogwarts.

ZAUBERAKTE

JAHR: 2018

SETS: 75954: Die große Halle von Hogwarts; 75964: Harry Potter Adventskalender (2019)

ZUBEHÖR: Zauberstab, Kelch

Den dunkelroten Umhang trägt er oft in Harrys erstem und zweitem Schuljahr.

SCHUTZENGEL
Dumbledore passt auf Harry auf, seit er ein Baby war, und sorgt auch dafür, dass er nach Hogwarts kommt. Er freut sich, dass Harry ein Gryffindor wird: Er war früher auch einer.

DUMBLEDORES PHÖNIX
Der erste LEGO Fawkes war nicht ein- sondern mehrteilig. Er lässt sich zerlegen und wieder zusammensetzen – so, wie Fawkes wieder aufersteht, nachdem er verbrannt ist.

FAST KOPFLOSER NICK

GESPENST MIT GEWISSEN EINSCHRÄNKUNGEN

DÜRFEN WIR VORSTELLEN?
Dies ist das Gespenst von Sir Nicholas de Mimsy-Porpington, aber alle nennen ihn den Fast Kopflosen Nick. Der Ritter wäre vor 500 Jahren gern richtig geköpft worden. Dann hätte er Mitglied im Sportclub „Jagd der Kopflosen“ werden können.

Anders als bei Nick ist der Kopf der Minifigur komplett abnehmbar.

Besticktes Wams mit gespenstisch silbernem Aufdruck

Enge Strümpfe und Kniehosen waren im 15. Jahrhundert groß in Mode.

LEUCHTENDES VORBILD
Das Set Hogwarts: Kammer des Schreckens (76389) von 2021 bringt Nicks Minifigur zum Strahlen – zwar nur in der Dunkelheit, dafür aber am ganzen Körper.

GRYFFINDOR-GEIST
Der Fast Kopflose Nick ist eines der zwei Hausgespenster mit Minifigur. Er geistert durch das Schloss und feuert die Gryffindors an.

ZAUBERAKTE

JAHR: 2018
SET: 75954: Die große Halle von Hogwarts
ZUBEHÖR: Sein Kopf

SEVERUS SNAPE

PROFESSOR FÜR ZAUBERTRÄNKE

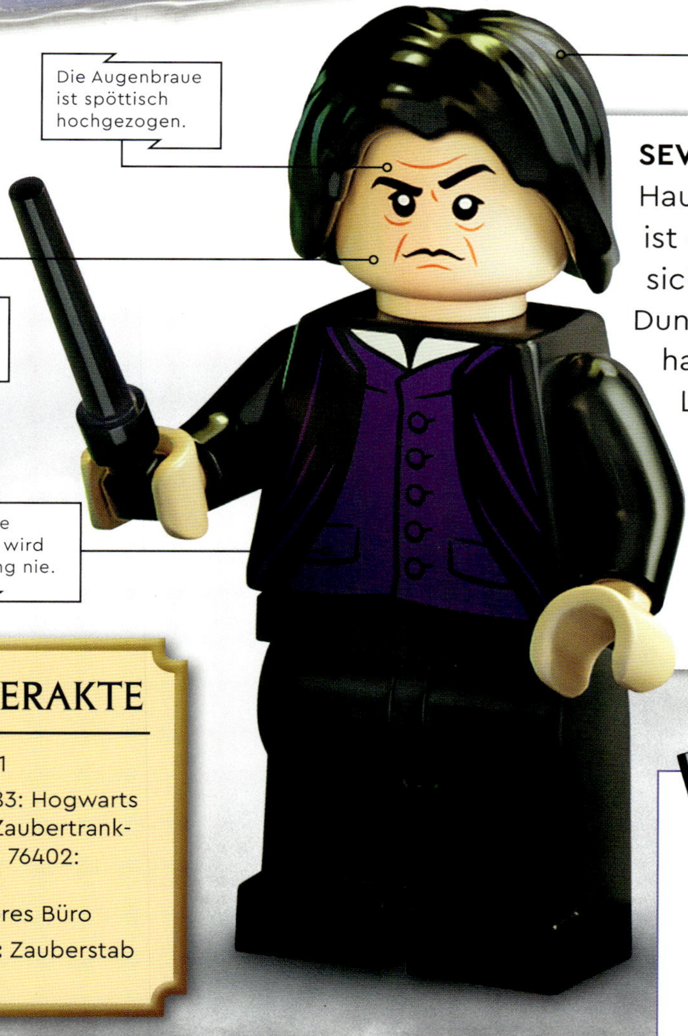

SEVERUS SNAPE ist der Hauslehrer von Slytherin. Er ist ein guter Zauberer, der sich früher auch in den Dunklen Künsten versucht hat. Er macht Harry das Leben zur Hölle. Als Schüler in Hogwarts war Snape in Harrys Mutter verliebt. Harrys Vater mochte er dagegen nicht, denn der mobbte ihn.

ZAUBERAKTE

JAHR: 2021

SETS: 76383: Hogwarts Moment: Zaubertrankunterricht; 76402: Hogwarts: Dumbledores Büro

ZUBEHÖR: Zauberstab

STRENGER SNAPE

Snapes Minifigur von 2018 hat eine lange, bedruckte Jacke, ein kragenloses Hemd und das bekannte miesepetrige Gesicht.

LEBEN IM KERKER

Professor Snape unterrichtet Zaubertränke in einem Klassenraum tief unten im Kerker. Am liebsten wäre er aber Lehrer für Verteidigung gegen die Dunklen Künste.

MADAM HOOCH

FLUGLEHRERIN

CRASHKURS
Nicht alle Schüler sind begabte Flieger. Neville Longbottom fällt in der ersten Stunde vom Besen, weil er ihn nicht steuern kann. Madam Hooch bringt ihn in den Krankenflügel.

TOLLER START
Madam Hoochs erste Minifigur (2018) trug einen schicken schwarzen Umhang und hatte zurückgekämmtes Haar.

ALS EXPERTIN FÜR BESEN bringt Madam Rolanda Hooch den Schülern das Fliegen bei und ist auch Schiedsrichterin bei den Quidditch-Pokalspielen. Sie will, dass alle Spiele fair und sauber ablaufen.

ZAUBERAKTE

JAHR: 2021

SET: 76395: Hogwarts: Erste Flugstunde

ZUBEHÖR: Besen, Zauberstab, Laterne

DRACO MALFOY

SCHÜLER DES HAUSES SLYTHERIN

ZAUBERAKTE

JAHR: 2021

SET: 76383: Hogwarts Moment: Zaubertrankunterricht

ZUBEHÖR: Zauberstab, Flakon für Tränke

DRACO KOMMT im gleichen Jahr nach Hogwarts wie Harry. Seine Eltern stammen aus den alten Zaubererfamilien Black und Malfoy. Als Reinblüter halten sich alle drei für etwas Besseres als andere Hexen und Zauberer. Das führt oft zu Streit zwischen Draco und Harry.

DREIFACHE GEFAHR
Drei weitere junge Draco-Minifiguren mit kurzen Beinen tragen unterschiedliche Versionen der Slytherin-Uniform.

BÖSE STREICHE
Draco ärgert gern Schüler, die ihm unterlegen sind. Hier fliegt er mit Nevilles Erinnermich zum Dach, wo Neville es nicht erreichen kann.

NEVILLE LONGBOTTOM

VERGESSLICHER ERSTKLÄSSLER

NEVILLE IST ein schüchterner, etwas ungeschickter Schüler, der zwar vor vielem Angst hat, aber trotzdem oft Mut und Klugheit beweist. Er tritt sogar seinen Freunden Harry, Ron und Hermine entgegen, als sie die Schulregeln brechen wollen.

ERINNERMICH
Das durchsichtige Kopf-Element ist ein Erinnermich: Dieser magische Gegenstand leuchtet rot, wenn man etwas vergessen hat. Leider fällt Neville aber meist nicht einmal ein, was er vergessen hat!

GEDÄCHTNISHILFE
Nevilles Großmutter schickt ihm das Erinnermich, weil er so vergesslich ist. In diesem LEGO Set vergisst er, auf den Weg zu achten, und fällt beinahe von der Mauer.

ZAUBERAKTE

JAHR: 2021

SET: 76395: Hogwarts: Erste Flugstunde

ZUBEHÖR: Besen, Erinnermich, Zauberstab

SUSAN BONES

SCHÜLERIN IM HAUS HUFFLEPUFF

ZAUBERAKTE

JAHR: 2018

SET: 75954: Die große Halle von Hogwarts

ZUBEHÖR: Besen, Tasse

Das Haar-Element gibt es sowohl aus Gummi als auch aus Hartplastik.

Sie hat die gleichen Sommersprossen im Gesicht wie Ginny Weasley.

Susan ist die erste Minifigur mit dem schwarz-gelben LEGO Hufflepuff Torso-Element.

SUSAN BONES ist die erste, aber nicht die letzte Hufflepuff-Schülerin, die eine eigene Minifigur hat. Sie kommt im gleichen Jahr wie Harry Potter nach Hogwarts und fährt vom Bahnhof in Hogsmeade aus in einem Boot mit Hermine und Seamus über den großen See.

ÄLTER UND KLÜGER

Im Set Hausbanner Hufflepuff™ (76412) aus dem Jahr 2023 ist Susan älter. Sie hat längere Beine, ein reiferes Gesicht und die gleiche Frisur wie die Maulende Myrte.

TEIL DER MENGE

Susans Minifigur ist im Set Die große Halle von Hogwarts (75954) enthalten, in der die Schüler alle Mahlzeiten zu sich nehmen, Feste feiern und den Bekanntmachungen der Lehrer lauschen.

FILIUS FLITWICK

PROFESSOR FÜR ZAUBERKUNST

HALB KOBOLD, HALB ZAUBERER: Filius Flitwick ist Professor für Zauberkunst, Hauslehrer von Ravenclaw und ehemaliger Duell-Meister. Er ist freundlich und lustig und liebt sein Fach. Er ist schon sehr lange Lehrer und hat sogar Professor Snape unterrichtet.

ZAUBERAKTE

JAHR: 2021

SET: 76385: Hogwarts Moment: Zauberkunstunterricht

ZUBEHÖR: Zauberstab

WUSSTEST DU SCHON?

Professor Flitwicks Minifiguren sind ebenso unterschiedlich wie er selbst: In den ersten zwei Filmen sah er ganz anders aus als in den späteren (Seite 129).

KLEIN, ABER MÄCHTIG
Professor Flitwick muss zwar auf einem Bücherstapel stehen, damit man ihn sieht, aber er genießt großen Respekt bei allen Schülern und Kollegen.

HARRY POTTER

GRYFFINDOR-SUCHER

ZAUBERAKTE

JAHR: 2018

SET: 75956: Quidditch Turnier

ZUBEHÖR: Besen, Goldener Schnatz

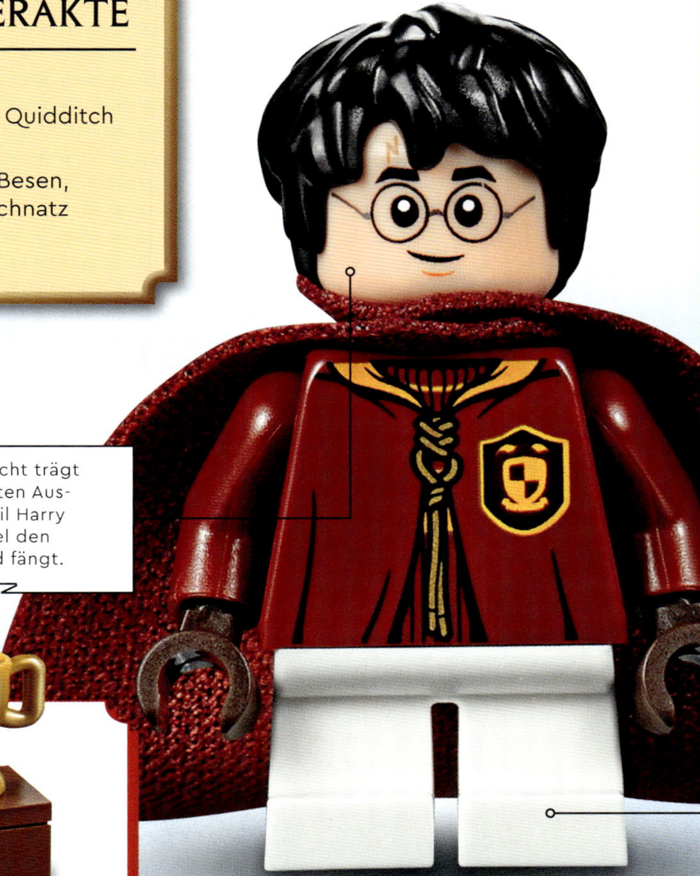

Ein zweites Gesicht trägt einen überraschten Ausdruck – wohl weil Harry beim ersten Spiel den Schnatz im Mund fängt.

Harry hat als einzige Minifigur in der Mannschaft kurze Beine, weil er der jüngste Sucher seit 100 Jahren ist.

SPIEL MIT DEM BALL
Quidditch-Spiele haben in Hogwarts ein großes Publikum. Als Gryffindor-Sucher beendet Harry das Spiel und gewinnt 150 Punkte, denn er fängt den winzigen, geflügelten Ball namens Goldener Schnatz.

QUIDDITCH-POKAL
Jedes Jahr spielen die vier Häuser von Hogwarts um den begehrten Quidditch-Pokal. Gryffindor und Slytherin sind am ehrgeizigsten und wollen unbedingt gewinnen.

OBWOHL HARRY noch nie geflogen ist, beherrscht er es schneller, als du „Quidditch" sagen kannst. Sieben Schüler spielen auf Besen mit drei Arten von Bällen. Harry hat so viel Talent, dass er im ersten Jahr für die Quidditch-Mannschaft von Gryffindor ausgewählt wird.

OLIVER WOOD

MANNSCHAFTSKAPITÄN VON GRYFFINDOR

In seinem letzten Schuljahr gewinnt Olivers Mannschaft endlich den Pokal.

OLIVER WOOD ist der Kapitän von Gryffindors Quidditch-Mannschaft. Da er unbedingt siegen will, versucht er, den Ehrgeiz seiner Mitspieler zu wecken. Bei Spielen gegen andere Häuser führt er das Team in den Hausfarben Rot und Gold.

WUSSTEST DU SCHON?

Oliver Wood schließt die Schule am Ende von Harrys drittem Jahr ab. Vier Jahre später kehrt er aber zurück und nimmt an dem entscheidenden Gefecht um Hogwarts teil.

Die Beine haben die volle Länge, da Oliver vier Jahre älter ist als Harry.

HÜTER DER RINGE
Mannschaftskapitän Oliver ist der Hüter. Er bewacht die drei Torringe und versucht zu verhindern, dass die andere Mannschaft den Quaffel hindurchwirft.

ZAUBERAKTE

JAHR: 2018

SETS: 75956: Quidditch Turnier

ZUBEHÖR: Besen

MARCUS FLINT

MANNSCHAFTSKAPITÄN VON SLYTHERIN

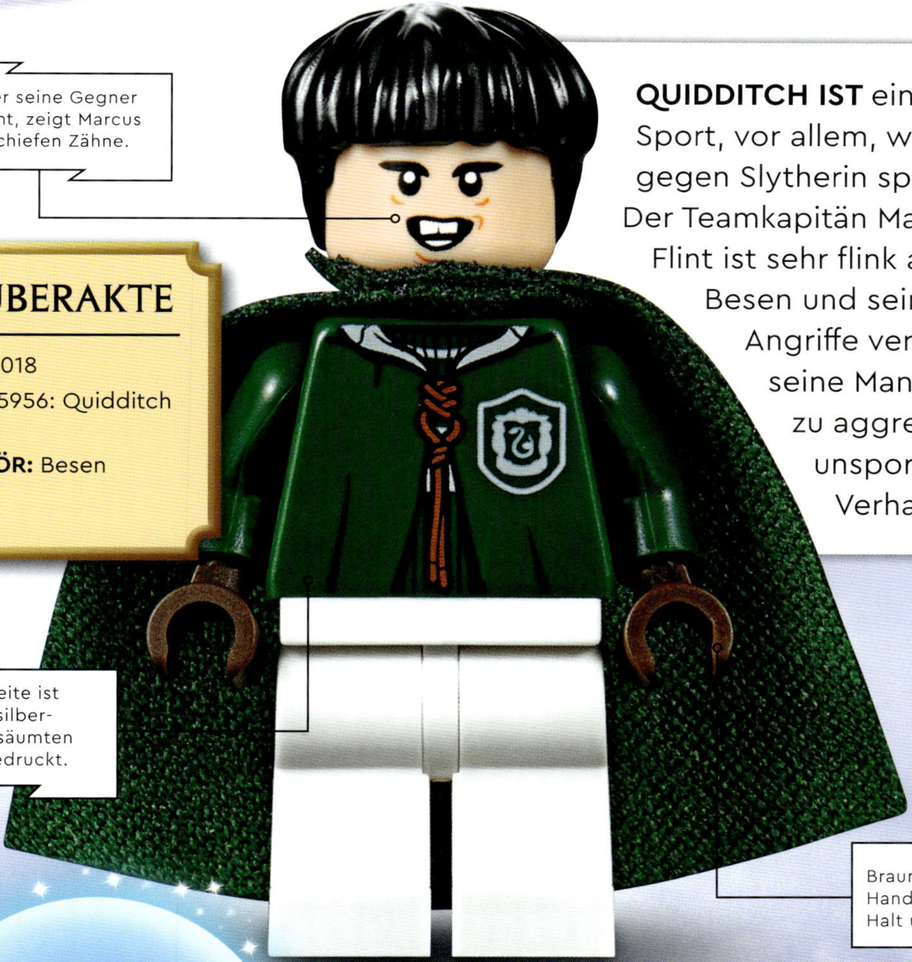

Wenn er seine Gegner verhöhnt, zeigt Marcus seine schiefen Zähne.

QUIDDITCH IST ein harter Sport, vor allem, wenn man gegen Slytherin spielt. Der Teamkapitän Marcus Flint ist sehr flink auf dem Besen und seine fiesen Angriffe verleiten seine Mannschaft zu aggressivem, unsportlichem Verhalten.

ZAUBERAKTE

JAHR: 2018

SETS: 75956: Quidditch Turnier

ZUBEHÖR: Besen

Die Rückseite ist mit einer silberfarben gesäumten Kapuze bedruckt.

Braune Quidditch-Handschuhe für Halt und Schutz

WUSSTEST DU SCHON?

Marcus Flints LEGO Besen besitzt eine Vorrichtung, mit der er den Quaffel in Richtung der Torringe schleudern kann.

SEHR TORGEFÄHRLICH

Als einer der drei Jäger spielt Flint den Quaffel über das Spielfeld und versucht, ihn am Hüter vorbei durch einen der drei Ringe zu werfen. Jedes Tor bringt seiner Mannschaft zehn Punkte.

LUCIAN BOLE

TREIBER VON SLYTHERIN

WUSSTEST DU SCHON?

Als Lucian Bole nach dem Abschluss die Schule verlässt, werden Draco Malfoys stämmige Freunde Vincent Crabbe und Gregory Goyle die neuen Treiber im Team.

ZAUBERAKTE

JAHR: 2018

SET: 75956: Quidditch Turnier

ZUBEHÖR: Besen, Schlagholz für Treiber

FAULSPIEL

Zum Set gehört auch die Punktetafel des umstrittenen Spiels von Slytherin gegen Gryffindor. Lucian tut alles, was er kann, damit sie viele Punkte für Slytherin anzeigt.

LUCIAN BOLE ist ein Quidditch-Spieler von Slytherin, der die anderen Mannschaften schlagen will – im Spiel und mit seinem Schlagholz. Als Treiber muss er die schweren Klatscher in Richtung der Gegner befördern, um ihre Spielzüge zu stören.

DEAN THOMAS

KLASSENKAMERAD IM HAUS GRYFFINDOR

ZAUBERAKTE

JAHR: 2018

SET: 71022: LEGO® Harry Potter™ und Phantastische Tierwesen

ZUBEHÖR: Gryffindor-Flagge

ALS SPORTFAN unterstützt Dean Thomas die Muggel-Fußballmannschaft West Ham und seine Quidditch-Mannschaft. Später spielt er selbst im Gryffindor-Team – als hervorragender Jäger.

WARM IM WINTER
Dean hat mittellange Beine. In einem Set von 2021 trägt er warme, bequeme Sachen für den Ausflug nach Hogsmeade.

WAHRER FREUND
Dean ist Harry ein treuer Freund. Sie trinken im Wirtshaus „Die drei Besen" in Hogsmeade gern ein erfrischendes Butterbier (Set 76388, Besuch in Hogsmeade).

ANGELINA JOHNSON

QUIDDITCH-STAR

ANGELINA IST zwei Jahre älter als Harry und damit im gleichen Jahr wie Fred und George Weasley. Sie ist im Quidditch sehr ehrgeizig und spielt als Jägerin im Gryffindor-Team. Als Oliver Wood die Schule verlässt, wird sie Mannschaftskapitänin.

WUSSTEST DU SCHON?

Das Set des Gryffindor-Gemeinschaftsraums enthält außer Angelina auch Quidditch-Zubehör: einen Besen, den Goldenen Schnatz und einen Schokoriegel für extra Energie.

SPIELPLANUNG

Angelina nimmt Quidditch sehr ernst. Im Set Hausbanner Gryffindor™ (76409) von 2023 plant sie ihre Strategie und trifft sich mit ihren Mannschaftskollegen im gemütlichen Gemeinschaftsraum von Gryffindor.

ZAUBERAKTE

JAHR: 2023

SET: 76409: Hausbanner Gryffindor™

ZUBEHÖR: Zauberstab, Besen

HARRY POTTER

FROHE WEIHNACHTEN, HARRY!

WEIHNACHTEN IN DER SCHULE klingt vielleicht so schlimm wie zweimal Nachsitzen bei Snape, aber Harry liebt es. Anders als bei den Dursleys ist er mit Freunden zusammen, hat Spaß und bekommt Geschenke.

ZAUBERAKTE

JAHR: 2019

SET: 75964: Harry Potter Adventskalender (2019)

ZUBEHÖR: Kelch, Zauberstab

Die festlich gekleidete Minifigur gab es exklusiv im ersten Adventskalender Set.

Den selbst gestrickten Wollpulli hat ihm Mrs. Weasley geschenkt.

Schicke, bequeme Hose für die Feiertage in der Schule

R STEHT FÜR RON
Da sich die Weasleys teure Geschenke nicht leisten können, zeigt Rons Mutter ihre Liebe mit persönlichen Pullis für die ganze Familie.

WEIHNACHTSZAUBER
Im ersten LEGO Harry Potter Adventskalender darf Harry die Feiertage inmitten von verzauberten Dekorationen und schneebedeckten Kiefern auf den Ländereien von Hogwarts verbringen.

HARRY POTTER

DER UNSICHTBARE JUNGE

ZU WEIHNACHTEN erhält Harry von einem Unbekannten ein magisches Geschenk. Der Tarnumhang ist eines der drei Heiligtümer des Todes, die der Sage nach große Macht besitzen. Er gehörte einst Harrys Vater, und Dumbledore gibt ihn anonym an Harry weiter.

FREIE BAHN
Der neue Umhang ist genau das, was Harry braucht, um sich nachts hinauszuschleichen. Hausmeister Filch und seine Katze können Harry trotz ihres Misstrauens nicht sehen und daher auch nicht schnappen.

Pyjama-Aufdruck, da Harry nachts in die Verbotene Abteilung der Bibliothek schleicht.

Holografisches Gewebe

Die Innenseite ist gemustert.

ZAUBERAKTE

JAHR: 2018

SET: 71022: LEGO® Harry Potter™ und Phantastische Tierwesen

ZUBEHÖR: Umhang, der unsichtbar macht

UNSICHTBAR
Mit dem Umhang ist Harry auch im Set Hogwarts: Dumbledores Büro (76402) zu sehen (oder auch nicht ...). Dort trägt er aber keinen Pyjama, sondern Schulkleidung.

JAMES POTTER

HARRYS VATER

WIE HARRY war auch James Potter im Haus Gryffindor und ein Quidditch-Spieler. Aber er starb im Kampf gegen Voldemort, als Harry noch ein Baby war. Zu seiner Freundesgruppe der „Rumtreiber" gehörten James, Sirius Black, Remus Lupin und Peter Pettigrew.

ZAUBERAKTE

JAHR: 2020

SET: 71028: LEGO Harry Potter Serie 2

ZUBEHÖR: Familienfoto

DER SPIEGEL NERHEGEB

Nerhegeb („Begehren" rückwärts geschrieben) zeigt dir deinen größten Wunsch. Harry sieht seine Eltern. Das LEGO Modell hat austauschbare Platten, je nachdem, welche Minifigur hineinsieht.

DAS SCHÖNSTE BILD

Fotos, der Spiegel und die Erinnerungen anderer Leute – ohne sie wüsste Harry gar nicht, wie seine Eltern aussahen.

LILY POTTER

HARRYS MUTTER

FAMILIENBANDE

Als Voldemort die Familie Potter verfolgte, opferte sich Harrys Mutter Lily, um ihr Baby zu beschützen. Diese Tat, die aus Liebe geschah, verleiht Harry über all die Jahre hinweg magischen Schutz.

Alle sagen, Harry habe Lilys Augen.

LILY EVANS stammte aus einer Muggel-Familie und wurde eine sehr gute Hexe im Haus Gryffindor. Sie heiratete James Potter, aber als Mädchen war sie eng mit dessen Rivalen Severus Snape befreundet.

Schwarze Schuhe

WUSSTEST DU SCHON?

Harry als Baby ist aus der gleichen LEGO Form gegossen wie die kleine, schwache Gestalt von „Du weißt schon wem" im Set Der Aufstieg von Voldemort (75965) (Seite 132).

ZAUBERAKTE

JAHR: 2020

SET: 71028: LEGO Harry Potter Serie 2

ZUBEHÖR: Harry als Baby

IRMA PINCE

BIBLIOTHEKARIN IN HOGWARTS

WEHE DEM, der in der Schulbibliothek nicht sorgsam mit den Büchern umgeht. Madam Pince, der strengen Bibliothekarin, sind die Bücher wichtiger als die Schüler. Ihre streng aussehende Minifigur pflegt die alten Bände gut und duldet keinerlei Unachtsamkeit.

WUSSTEST DU SCHON?

In der Bibliothek von Hogwarts gibt es Bücher, die gefährlich sind oder derart dunkle Geheimnisse enthalten, dass sie in der Verbotenen Abteilung unter Verschluss bleiben.

UNERSCHÖPFLICHES WISSEN

Madam Pince hilft Schülerinnen wie Hermine, wenn sie etwas wissen wollen. Aber wehe, jemand bricht die Bibliotheksregeln – dann ist sie sehr streng!

ZAUBERAKTE

JAHR: 2022

SET: 76402: Hogwarts: Dumbledores Büro

ZUBEHÖR: Zauberstab, Buch

HARRY POTTER

FURCHTLOSER ERSTKLÄSSLER

TROTZ DER VIELEN Schutzzauber und Hindernisse ist der Stein der Weisen nicht sicher. Harry, Ron und Hermine wollen unbedingt verhindern, dass Voldemort ihn stiehlt, denn wenn er damit das Lebenselixier herstellt, wird er seine frühere Stärke wiedererlangen.

ZAUBERAKTE

JAHR: 2021

SET: 76392: Hogwarts Zauberschach

ZUBEHÖR: Zauberstab

Das zweite Gesicht hat einen panischen Ausdruck – wegen der schrecklichen Gefahr.

Der Pulli reißt auf der gefährlichen Suche nach dem Stein der Weisen.

Lässige Cordhose

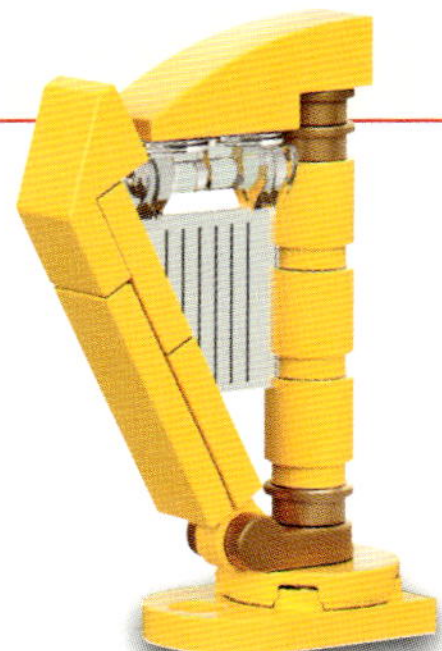

MUSIKINSTRUMENT
Der Trick, um an dem bissigen Wachhund Fluffy vorbeizukommen, ist Musik. Ein Lied der verzauberten Harfe wiegt ihn augenblicklich in einen sanften Schlummer.

HUND MIT DREI KÖPFEN
Der wilde, dreiköpfige Hund, den Hagrid zur Bewachung des Steins der Weisen abstellt, heißt Fluffy (76387). Aber er sieht alles andere als fluffig aus! Er steht auf der Falltür im Korridor des dritten Stocks, den Schüler nicht betreten dürfen.

HERMINE GRANGER

KLUG UND GEISTESGEGENWÄRTIG

AUF DEM WEG zum Stein der Weisen rettet Hermines kühler Kopf Harry, Ron und sie selbst vor der Teufelsschlinge. Je stärker sie gegen ihre Tentakel ankämpfen, desto enger windet sich die Schlingpflanze um ihren Körper.

Alle Minifiguren der jungen Hermine haben das Haar-Element mit wilder Mähne und Stirnpony.

Vorn wirkt sie ruhig, aber auf der Rückseite blickt sie erschrocken drein.

Einzigartiger Torso

ZAUBERAKTE

JAHR: 2021

SET: 76392: Hogwarts Zauberschach

ZUBEHÖR: Zauberstab

ZUG UM ZUG

Hermine, Harry und Ron können ihr Ziel nur erreichen, wenn sie das Schachspiel gewinnen. Ein falscher Zug und sie sitzen fest – oder es kommt noch schlimmer …

WUSSTEST DU SCHON?

Der legendäre Stein der Weisen wurde von Nicolas Flamel hergestellt. Mit ihm kann man Metall in Gold verwandeln und das Lebenselixier brauen, das Unsterblichkeit verleiht.

RON WEASLEY

MAGISCHER SCHACHSPIELER

EIN GLÜCK, dass Ron so gern Zauberschach spielt und durch viel Übung mit den Figuren seines Großvaters so gut darin ist. Jetzt hängt das Leben der drei Freunde davon ab, dass er in dem Spiel mit den lebensgroßen, verzauberten Figuren gewinnt.

Rons verlegenes Lächeln verbirgt sein geniales Talent als Schachspieler.

Nur diese spezielle Minifigur hat dieses Torso-Element.

Nach der Runde Zauberschach landet Ron im Krankenflügel.

RITTER OHNE FURCHT UND TADEL

Jeder Spieler nimmt seinen Platz ein. Ron spielt als Springer und dirigiert seine Freunde. Am Ende lässt er sich freiwillig schlagen. So gewinnen sie und Harry kann in den nächsten Raum gelangen.

HAMMER-REGELN

Zauberschach ist ein hartes Spiel: Die Figuren hauen sich tatsächlich gegenseitig vom Feld. Auch die LEGO Elemente lassen sich zerlegen und anschließend für das nächste Spiel wieder zusammensetzen.

ZAUBERAKTE

JAHR: 2021

SET: 76392: Hogwarts Zauberschach

ZUBEHÖR: Zauberstab

QUIRINUS QUIRRELL

MACHTLOSER PROFESSOR

PROFESSOR QUIRRELL ist der neue Lehrer für Verteidigung gegen die Dunklen Künste. Doch er hat selbst ein dunkles Geheimnis: Er überschätzte seine Kraft, sodass der Dunkle Lord Voldemort sich an seinen Hinterkopf heften konnte.

Den violetten Kopfschmuck hat Quirrell von seinen Reisen in ferne Länder mitgebracht.

Das aufgedruckte Ende des Turbans ist um den Körper geschlungen.

ZAUBERAKTE

JAHR: 2018

SET: 75954: Die große Halle von Hogwarts

ZUBEHÖR: Zauberstab

DEN DUNKLEN KÜNSTEN ERGEBEN

Voldemort sucht verzweifelt nach dem Stein der Weisen, weil der ihm seine Kraft zurückgeben kann. Er benutzt Quirrell, um die Zauber zu überwinden, die den Stein bewachen.

HUT AB

Der Turban verbirgt die schreckliche Wahrheit: Quirrells Hinterkopf ist mit Voldemorts Gesicht bedruckt, das kaum noch Menschliches hat.

KAPITEL ZWEI

HARRY POTTER UND DIE KAMMER DES SCHRECKENS™

IN DER GESCHÄFTIGEN WINKELGASSE kaufen alle für das neue Schuljahr ein, vom Zauberstab bei Ollivander bis hin zum neusten Besen bei Qualität für Quidditch. Vor Harrys zweitem Schuljahr herrscht besondere Aufregung, weil ein berühmter Mann bei Flourish & Blotts persönlich seine Bücher signiert.

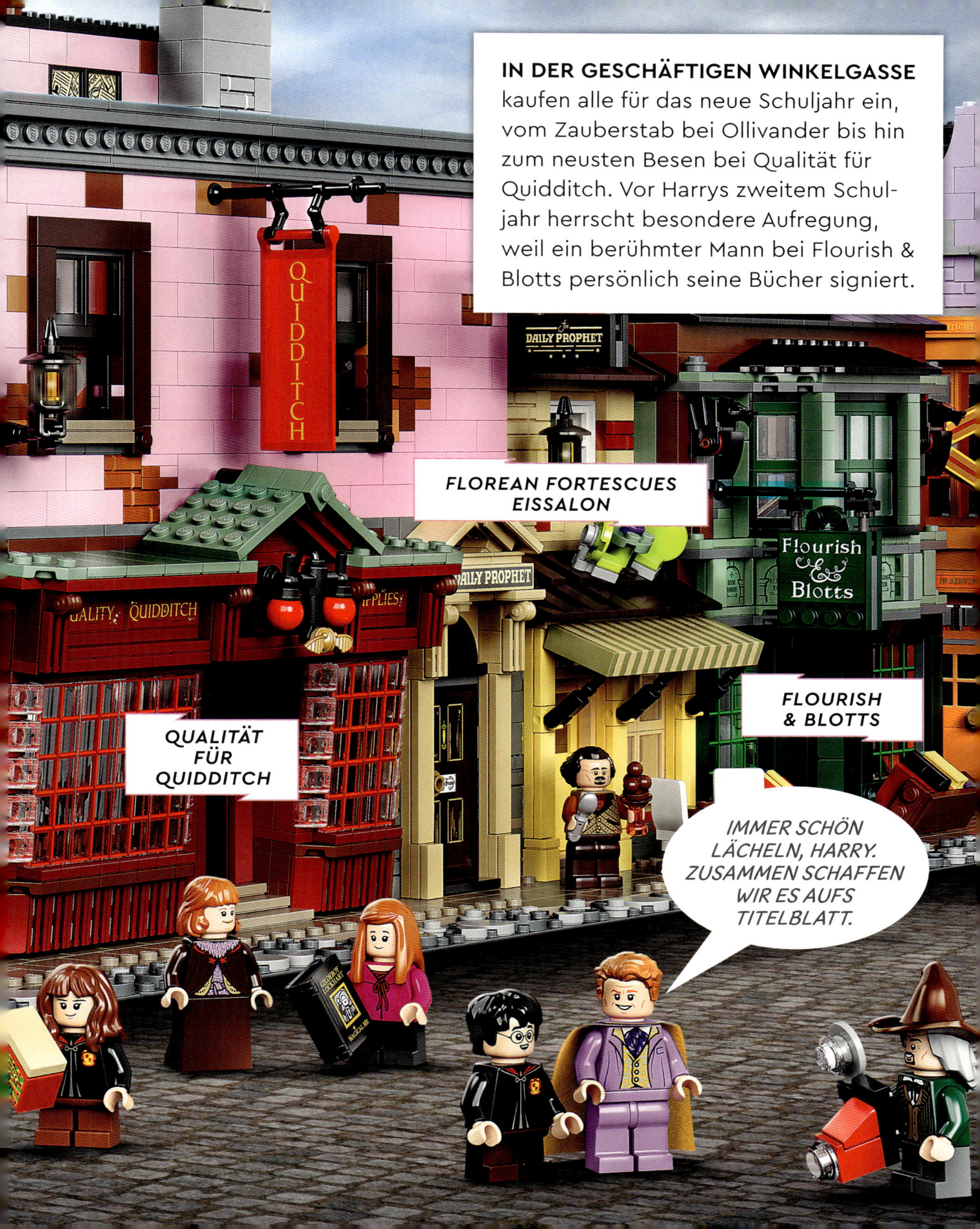

HARRY POTTER

ZWEITES SCHULJAHR IM HAUS GRYFFINDOR

VIELE KINDER freuen sich auf die Sommerferien, aber Harry nicht, denn er muss zu den schrecklichen Dursleys. Sie haben Angst vor ihm, denn sie verstehen seine Kräfte nicht. Sie wissen auch nicht, dass er außerhalb der Schule nicht zaubern darf.

ZAUBERAKTE

JAHR: 2020

SET: 75968: Ligusterweg 4

ZUBEHÖR: Zauberstab, Koffer, Hedwig

ZURÜCK NACH HOGWARTS

Harry trägt in den Sets Die Peitschende Weide von Hogwarts (75953) und Hogwarts: Gryffindor Schlafsäle (40452) die gleiche Kleidung, allerdings mit einer grauen Hose.

DIE WEASLEYS RETTEN HARRY!

Als Onkel Vernon Harry die Rückkehr nach Hogwarts verbietet, kommt Ron mit dem fliegenden Auto seines Vaters, reißt das Gitter von Harrys Fenster und nimmt ihn mit zu seiner Familie.

VERNON DURSLEY

HARRYS SCHRECKLICHER ONKEL

Vernon wirft oft wütend die Hände nach oben.

Es gibt zwei Gesichtsausdrücke: verärgert und selbstzufrieden.

TRAUTES HEIM

Vernon und Petunia Dursley sind stolz auf ihr ganz normales Haus in einer normalen Straße und auf ihren Sohn Dudley. Am meisten fürchten sie, dass die Nachbarn sie für seltsam halten könnten.

DIE DURSLEYS sind die schlimmste Art von Muggeln, die man sich vorstellen kann, aber Harry hat sonst keine Familie mehr. Onkel Vernon ist kleinkariert und gemein. Er hat geschworen, dem Blödsinn mit der Zauberei ein Ende zu machen.

Der biedere Mr. Dursley mag unauffällige, beigefarbene Kleidung.

ZAUBERAKTE

JAHR: 2020

SET: 75968: Ligusterweg 4

ZUBEHÖR: Keins

WUSSTEST DU SCHON?

Onkel Vernon ließ Harry im Schrank unter der Treppe schlafen. Als das herauskam, schämte er sich und gab Harry widerstrebend Dudleys zweites Zimmer.

PETUNIA DURSLEY

HARRYS UNGERECHTE TANTE

ZAUBERAKTE

JAHR: 2020

SET: 75968: Ligusterweg 4

ZUBEHÖR: Torte

Zwei Gesichtsausdrücke: mürrisch und erschrocken

Petunia mag Blumenmuster und andere verspielte Details.

TANTE PETUNIA ist sehr darum besorgt, was andere von ihr denken. Sie gibt sich nach außen hin korrekt, dabei ist sie total unsympathisch. Sie ist stolz auf ihren ordentlichen Haushalt und verwöhnt ihren „Dudleyspatz". Harry aber behandelt sie schlecht.

SELTSAMER ABEND

Tante Petunia will mit ihrer Torte wichtige Geschäftspartner beeindrucken, doch der Hauself Dobby lässt sie durch die Luft schweben, damit die Dursleys Harry einsperren. Auf diese Weise will Dobby Harry schützen.

WUSSTEST DU SCHON?

Als Mädchen war Petunia Evans neidisch auf die magischen Fähigkeiten ihrer Schwester Lily. Diese Bitterkeit vergiftete ihre Beziehung wie die Pflanze Venemosa Tentacula.

DUDLEY DURSLEY

HARRYS HINTERHÄLTIGER COUSIN

ZAUBERAKTE

JAHR: 2020

SET: 75968: Ligusterweg 4

ZUBEHÖR: Keins

Dudley trägt einen Seitenscheitel wie sein Vater.

Gemusterter Pulli und Kragenhemd: Dudley hat den gleichen Geschmack wie sein Vater.

Aufgedruckte Bauchfalte

DUDLEY DURSLEY und Harry Potter wachsen im selben Haus auf, aber Dudleys Leben dort ist ganz anders. Seine Eltern bringen ihm bei, dass er etwas Besonderes sei und wichtiger als sein Cousin Harry, der keine Eltern mehr hat.

PYJAMA UND RINGELSCHWANZ

Bei Dudleys Minifigur im Adventskalender 2021 ragt ein Ringelschwänzchen aus dem Pyjama – Hagrids Strafe, weil Dudley von Harrys Geburtstagskuchen genascht hat.

KLEINER TYRANN

Der verwöhnte Dudley kommandiert jeden herum. Da die Eltern seinen Wutanfällen immer nachgeben, ist er daran gewöhnt, alles zu bekommen, was er will.

DOBBY

TAPFERER HAUSELF

HAUSELFEN SIND Bürger zweiter Klasse, die ihren Herren dienen müssen. Dobby gehört der abscheulichen Familie Malfoy. Er warnt Harry vor großen Gefahren und will ihn retten – auch wenn er Harrys Leben auf den Kopf stellt und ihn in Schwierigkeiten bringt.

Dobby hat nur einen schäbigen Kissenbezug zum Anziehen.

Die Socke befreit Dobby von den Malfoys.

Beschädigter Buchdeckel: Der Horkrux wurde zerstört.

ZAUBERAKTE

JAHR: 2018

SET: 71022: LEGO® Harry Potter™ und Phantastische Tierwesen

ZUBEHÖR: Tom Riddles Tagebuch, Socke

NEUES GESICHT
Im Set Ligusterweg 4 (75968) von 2020 hat Dobby die gleiche Form, aber ein neues Gesicht mit offenem Lächeln und mutigem Blick.

UNGELADENER GAST
Harrys Tante und Onkel haben Gäste und Harry soll still in seinem Zimmer sitzen und so tun, als wäre er nicht da. Das ist kein guter Zeitpunkt für das Erscheinen eines lauten Hauselfen.

MR. BORGIN

ZWIELICHTIGER LADENBESITZER

Die aufgedruckten braun-grauen Koteletten passen zum Haar-Element.

Narbe unter dem rechten Auge

Teurer, seriöser Anzug für den anrüchigen Geschäftsmann

MR. BORGIN IST einer der Eigentümer des Ladens Borgin und Burkes. Sein Interesse an Dunklen Künsten und gefährlichen magischen Gegenständen ist groß. Er sammelt sie für seinen Laden und macht Geschäfte mit Leuten, die oft nichts Gutes im Schilde führen.

WUSSTEST DU SCHON?

Wie seine Minifigur hat Mr. Borgin zwei Gesichter: Er schmeichelt den Kunden, damit sie möglichst viel Geld ausgeben, aber hinter ihrem Rücken spricht er verächtlich über sie.

ZAUBERAKTE

JAHR: 2021

SET: 40500: Minifiguren aus der Zauberwelt – Zubehörset

ZUBEHÖR: Zauberstab

NOKTURNGASSE
Borgin und Burkes ist nahe der Winkelgasse. Harry landet dort nach einem Missgeschick mit Flohpulver. Hagrid holt ihn raus, denn es ist kein Ort für einen jungen Zauberer.

MOLLY WEASLEY

LIEBEVOLLES FAMILIENOBERHAUPT

MOLLY WEASLEY ist eine sehr fähige Hexe, die für das Richtige eintritt. Obwohl sie schon sieben Kinder hat, nimmt sie auch Harry unter ihre Fittiche. Jeden Sommer begleitet sie alle in die Winkelgasse, um Schulsachen zu kaufen.

ZAUBERAKTE

JAHR: 2020

SET: 75978: Winkelgasse

ZUBEHÖR: Keins

WUSSTEST DU SCHON?

Molly Weasley und ihr Mann Arthur stammen beide aus reinblütigen Familien. Trotzdem sind sie der Ansicht, dass alle Menschen gleich sind, egal ob Muggel, Hexe oder Zauberer.

EINKAUFSTOUR

Alle sind aufgeregt, weil der berühmte Zauberer Gilderoy Lockhart im Laden sein neues Buch signiert! Molly ist ein großer Fan, hat ihn aber noch nie persönlich getroffen.

HERMINE GRANGER

DIE KLÜGSTE HEXE IHRES JAHRGANGS

Die Hermine-Minifiguren des zweiten Jahres haben die gleichen wilden Locken mit dichtem Pony.

OFFENES BUCH
Hermine liest sofort die neue Autobiografie von Gilderoy Lockhart, *Zauberisches Ich*. Sie steht seit 27 Wochen auf der Bestsellerliste des *Tagespropheten*. Das LEGO Buch öffnet sich mit einem Scharnier.

HERMINE war im ersten Jahr sehr erfolgreich, sowohl in den Prüfungen als auch in der praktischen Anwendung ihres Wissens beim Sieg gegen Voldemort. Sie kann es gar nicht erwarten, neue Bücher und Schulsachen zu kaufen, und freut sich auf das zweite Jahr.

Umhang mit neuem Druck: Er ist unten geschlossen und oben ist die Krawatte nicht mehr zu sehen.

Zum Einkaufen trägt sie normale Kleidung unter dem Gryffindor-Umhang.

ZAUBERAKTE

JAHR: 2020

SET: 75978: Winkelgasse

ZUBEHÖR: Feder, Fred Weasleys Feuerwerksbox

FEDERN SIND MÄCHTIGER ALS ZAUBERSTÄBE
Der Schreibwarenladen in der Winkelgasse duftet nach frischem Pergament, neuen Federn und Tinte. Hermine liebt es, hier einzukaufen – und sie hat von allem einen ziemlichen Verbrauch!

GILDEROY LOCKHART

BETRÜGERISCHE BERÜHMTHEIT

GILDEROY LOCKHART hat einen glänzenden Ruf dank Angeberei, tollem Haar, gewinnendem Lächeln und eines Gedächtniszaubers, mit denen er die Leistungen anderer Zauberer als die seinen ausgibt. Er wird Professor für Verteidigung gegen die Dunklen Künste.

Auf die Rückseite sind Schweißtropfen gedruckt: Er hat Angst, sein Können beweisen zu müssen.

Er gewann fünfmal den Charmantestes-Lächeln-Preis der *Hexenwoche*.

Die goldene Weste glänzt in Metallic-Farbe.

Der zweifarbige Umhang ist außen violett und innen gelb.

ZAUBERAKTE

JAHR: 2020

SET: 75978: Winkelgasse

ZUBEHÖR: Feder

IM RAMPENLICHT

Wohin er auch kommt, gibt Lockhart gern Interviews. Als der Fotograf des *Tagespropheten* ein Foto mit ihm und dem berühmten Harry Potter machen will, kann er nicht widerstehen.

ERSTER EINDRUCK

Lockhart erregt gern Aufsehen mit seiner prächtigen, farbenfrohen Kleidung. Seine Minifigur von 2021 ist von Kopf bis Fuß goldgelb gekleidet.

FLOREAN FORTESCUE

ZAUBERER HERVORRAGENDER EISCREME

ZAUBERAKTE

JAHR: 2020

SET: 75978: Winkelgasse

ZUBEHÖR: Eiscreme, Eiscremelöffel

SÜSSES VERGNÜGEN

Ein Besuch in der Winkelgasse ohne Abstecher in den Eissalon wäre eine traurige Sache. Harry und Ron schauen bei dem freundlichen Florean vorbei und holen sich jeder einen leckeren Eisbecher.

FÜR JEDEN GESCHMACK

Fortescue bietet mehr Auswahl, als du je probieren könntest. Von Schokolade-Erdnussbutter bis Schwarzbier-Rosine oder Fledermaussaft-Ohrwurm: Es gibt nichts, was es nicht gibt.

WENN DU WISSEN WILLST, wo es die beste Eiscreme gibt, bist du bei Florean Fortescues Eissalon in der Winkelgasse genau richtig. Dieser Zauberer weiß, wie man hervorragendes Eis herstellt!

HEXE

NICHT SEHR BEZAUBERNDE KUNDIN

DIESE HEXE sieht bei ihrem Einkaufsbummel recht unzufrieden aus. In der Winkelgasse gibt es die besten Läden und hochwertige Waren, doch zu Beginn des Schuljahrs ist viel los. Alle kommen mit ihren Einkaufslisten, um die letzten Dinge zu besorgen.

Gleicher geknickter Hexenhut und gleiches Haar-Element wie bei Professor Sinistra

Eine sauertöpfische Miene wie Harrys Tante Petunia

Geldbeutel für Galleonen, Sickel und Knuts

UNBEKANNTER KUNDE

Eine weitere, elegante Minifigur im Zubehörset Minifiguren aus der Zauberwelt (40500) kauft ebenfalls ein. Der Mann sieht aus, als würde er seine Anzüge in demselben Laden kaufen wie die Minifiguren von Mr. Ollivander und Griphook.

WAS GIBT ES DA WOHL?

Die Winkelgasse bietet das Beste aus der Zauberwelt: Kupfer- und Eisenkessel, echte, lebende Eulen, Zutaten für Zaubertränke und Leckereien wie Säuredrops.

ZAUBERAKTE

JAHR: 2021

SET: 40500: Minifiguren aus der Zauberwelt – Zubehörset

ZUBEHÖR: Keins

LUCIUS MALFOY

TODESSER

ZAUBERAKTE

JAHR: 2020

SET: 75978: Winkelgasse

ZUBEHÖR: Stock

Lucius Malfoy hat das gleiche Haar-Element wie Dumbledore, aber nur diese Minifigur ist blond.

Anstecknadel in Schlangenform

Im Stock ist Lucius Malfoys Zauberstab versteckt.

Diesen Beinaufdruck haben mehrere Minifiguren, aber ihre Jacken sind alle unterschiedlich.

HAST DU dich je gefragt, wieso Draco so arrogant und verwöhnt ist und Schlammblüter verachtet? Dann sieh dir seinen Vater an: Lucius Malfoy stammt aus einer alten, eigensüchtigen und reichen Familie und dient im Geheimen dem Dunklen Lord.

BÖSE ABSICHTEN
Tom Riddles Tagebuch ist ein gefährlicher magischer Gegenstand. Lucius Malfoy steckt es zwischen Ginnys neue Bücher und bringt sie damit in große Gefahr.

SCHLECHTES VORBILD
Lucius und Draco Malfoy eilen hochnäsig durch die Läden. Gewöhnliche Zauberer würdigen sie keines Blicks – höchstens, um ihnen Beleidigungen entgegenzuschleudern.

RON WEASLEY

KOMMT ZU SPÄT ZUR SCHULE

RONS MINIFIGUR in beige und braun erlebt tolle Abenteuer. Er rettet Harry vor den Dursleys, fliegt ein Auto, gerät in die Zweige der Peitschenden Weide, und darf sich nach einer Standpauke durch die Lehrer endlich im Gryffindor-Schlafsaal erholen.

DAS WAR KNAPP! Ron und Harry fliegen mit Mr. Weasleys verzaubertem Ford Anglia nach Hogwarts, weil der Bahnsteig 9 ¾ plötzlich für sie versperrt ist. Sie landen krachend in den Ästen der bösartigen Peitschenden Weide.

KLEIN UND FEIN Ron trägt einen Gryffindor-Umhang über einfachen Jeans, als er in der Winkelgasse (75978) einkauft.

ZAUBERAKTE

JAHR: 2018

SETS: 75953: Die Peitschende Weide von Hogwarts (2018); 75968: Ligusterweg 4 (2020); 40452: Hogwarts Gryffindor Schlafsäle (2021)

ZUBEHÖR: Zauberstab, Schokofrosch

ALBUS DUMBLEDORE

SCHULLEITER IN GEFAHR

HARRYS ZWEITES JAHR beginnt gut, doch bald folgen neue Schrecken. Eine tödliche Gefahr bedroht die Schule und böse Kräfte verschwören sich, um den Schulleiter abzusetzen. Dumbledore bleibt zwar gelassen, aber kann er Schule und Schüler retten?

Dumbledores Minifiguren haben verschiedene Outfits, aber seine Augen hinter der halbmondförmigen Brille funkeln immer.

Dieses weiße Bart-Element gehört zu fünf Dumbledore-Minifiguren.

Eine lange Robe mit einem weiten, gefältelten Rockteil anstelle von Beinen

ZAUBERAKTE

JAHR: 2021

SET: 76389: Hogwarts: Kammer des Schreckens

ZUBEHÖR: Keins

KNALLIG IN PINK
Der Dumbledore, der 2022 ein Miniset von Schloss Hogwarts überragt, das sich auf vielfältige Weise bauen lässt, trägt auch magentafarbene Kleidung.

WEISE WIE EINE EULE
Dumbledore steht bei seiner Rede in der Großen Halle am Pult, das wie ein Vogel mit ausgebreiteten Flügeln geschnitzt ist. Für dieses Set steht ein LEGO Eulen-Element auf einem Kelch.

POMONA SPROUT

PROFESSORIN FÜR KRÄUTERKUNDE

DIE FRÖHLICHE Pomona Sprout ist Hauslehrerin von Hufflepuff und unterrichtet Kräuterkunde – den Umgang mit Zauberpflanzen. In ihrem Gewächshaus züchtet sie nützliche Heilpflanzen wie die Mandragora, die Versteinerungen rückgängig machen kann.

ZAUBERAKTE

JAHR: 2021

SETS: 76384: Hogwarts Moment: Kräuterkundeunterricht

ZUBEHÖR: Zauberstab, Gartenschere

FRÜHERE SPROUT
Die Minifigur von 2020 hatte den gleichen Hut, aber einen weiten Umhangrock statt Hose und Stiefeln.

GRÜNER DAUMEN
Im Gewächshaus pflegt Professor Sprout die Kürbisse. Sie hat eine Gartenschere, eine Schaufel, Eimer, eine Gießstation und viele Pflanzentöpfe.

CEDRIC DIGGORY

SCHÜLER DER KRÄUTERKUNDE

DER GUTAUSSEHENDE

Cedric Diggory ist zwei Jahre älter als Harry und im Haus Hufflepuff. Alle Schüler, auch diese Minifigur, lernen Kräuterkunde. Trotz seines schlichten Overalls ist Cedric an seinem Gesicht und an der Frisur gut zu erkennen.

ZAUBERAKTE

JAHR: 2021

SETS: 76384: Hogwarts Moment: Kräuterkundeunterricht

ZUBEHÖR: Pflanze, Eimer

GUTER GÄRTNER

In dem Set Hausbanner Hufflepuff™ (76412) pflegt Cedric die Blumen und Pflanzen im sonnigen Gemeinschaftsraum von Hufflepuff. Er trägt dabei seine Quidditch-Kleidung von 2023.

DER RUF DER WILDNIS

Heute werden im Kräuterkunde-unterricht die Mandragoras umgetopft. Da ihre Schreie tödlich sein können, brauchen die Schüler Ohrenschützer. Sogar das Jammern der jungen Sprosse ist gefährlich.

NEVILLE LONGBOTTOM

LIEBLINGSFACH KRÄUTERKUNDE

Ohrenschützer und Haare bilden ein Element.

Besorgte Miene – auf der Rückseite ist Neville ohnmächtig und seine Augen sind geschlossen.

Gryffindor-Krawatte unter dem Overall

DER UNGESCHICKTE NEVILLE hat leider oft Pech und meint, er könne gar nichts richtig machen. In den meisten Fächern läuft es für ihn nicht gut, aber Professor Sprout sieht, dass er in Kräuterkunde wirklich begabt ist.

ZAUBERAKTE

JAHR: 2018

SET: 71022: LEGO Harry Potter und Phantastische Tierwesen

ZUBEHÖR: Zauberstab, Mandragora-Pflanze

OFFENE OHREN

2021 geht Nevilles Minifigur mit den Mandragoras ein großes Risiko ein: Er setzt die Ohrschützer nicht auf, sondern legt sie nur um den Hals.

SEHR EMPFINDLICH

Selbst mit den Ohrenschützern erliegt der arme Neville dem Gekreische der mächtigen Mandragoras. Ohnmächtig liegt er den Rest der Stunde am Boden.

DRACO MALFOY

SUCHER VON SLYTHERIN

DRACO MALFOY bekommt in der Regel, was er will. Im zweiten Jahr wird er ins Quidditch-Team von Slytherin aufgenommen, aber nur, weil sein Vater allen die tollen Nimbus-2001-Besen gekauft hat. Wie seine Kameraden hält Draco nicht viel von Fair Play.

DER GOLDENE SCHNATZ
Den einteiligen Goldenen Schnatz, der in die Hand der Minifiguren passt, gab es zuerst 2018 mit der einzelnen Draco-Minifigur und dann im Quidditch Turnier (75956).

Kürzerer Umhang als bei den älteren Mitspielern Flint und Bole

Gleicher Torso wie bei den anderen Slytherin-Spielern

Die Kordeln halten den Umhang zusammen.

ZAUBERAKTE

JAHR: 2018

SET: 71022: LEGO Harry Potter und Phantastische Tierwesen

ZUBEHÖR: Grüner Besen, Goldener Schnatz, Zauberstab

DAS GANZE SET
Die Quidditch-Bälle werden nach jedem Spiel in die Kiste gepackt, damit sie nicht wegfliegen. Im Set sind zwei Schlaghölzer und vier Bälle: der Quaffel, zwei Klatscher und der Goldene Schnatz.

MAULENDE MYRTE

SEHR TRAURIGES GESPENST

NETT GEMEINT

In der Mädchentoilette entdeckt Harry den Eingang zur Kammer des Schreckens, in der das riesige, gelbäugige Monster lebt. Myrte meint, wenn er dort stirbt, könnten sie gemeinsam weiter spuken.

Weiteres Gesicht weint mit einer Träne auf der Wange.

Als Ginny Tom Riddles Tagebuch in die Toilette wirft, trifft es Myrtes Kopf.

Wenn man die Füße auf ein transparentes Winkel-Element steckt, wirkt es, als schwebe Myrte.

VOR 50 JAHREN weinte die verzweifelte Myrte in der Toilette, weil sie wegen ihrer Brille gehänselt worden war. Da hörte sie ein Geräusch, sah zwei große, gelbe Augen ... und fiel um. Ihr heulendes Gespenst spukt seitdem in der Mädchentoilette umher.

ZAUBERAKTE

JAHR: 2020

SET: 71028: LEGO Harry Potter Serie 2

ZUBEHÖR: Tom Riddles Tagebuch

WEIHNACHTLICH FRÖHLICH

Myrtes Minifigur im Adventskalender 2022 sieht nicht so traurig aus. Das schwarz-weiß-graue Geistermädchen lächelt sogar ein wenig. Na ja, es ist ja auch eine fröhliche, festliche Zeit.

HARRY POTTER

IN GESTALT VON GREGORY GOYLE

ZAUBERAKTE

JAHR: 2022

SET: 76386: Hogwarts Misslungener Vielsafttrank

ZUBEHÖR: Goyles Haar-Element, Zauberstab, Gefäß mit Trank

Entschlossener Ausdruck: Geht der mutige Plan auf?

Gregory Goyles zweites Gesicht sieht ziemlich begriffsstutzig aus.

Slytherin-Torso, wie alle drei Minifiguren in diesem Set

HARRY, RON UND HERMINE sind überzeugt, dass Draco weiß, wer die Kammer des Schreckens geöffnet hat. Ist vielleicht sogar er der Erbe von Slytherin? Um das herauszufinden, müssen sich Ron und Harry in Crabbe und Goyle verwandeln.

GREGORY GOYLE
Harrys Minifigur hat ein anders bedrucktes Gesicht und ein zweites Haar-Element, damit er sich zu Goyles Minifigur umbauen lässt.

VIELSAFTTRANK
Mit Vielsafttrank kann man sich vorübergehend in eine andere Person verwandeln. Hermine hat noch nie ein so kompliziertes Rezept gesehen, aber wenn ihn jemand brauen kann, dann sie.

RON WEASLEY

IN GESTALT VON VINCENT CRABBE

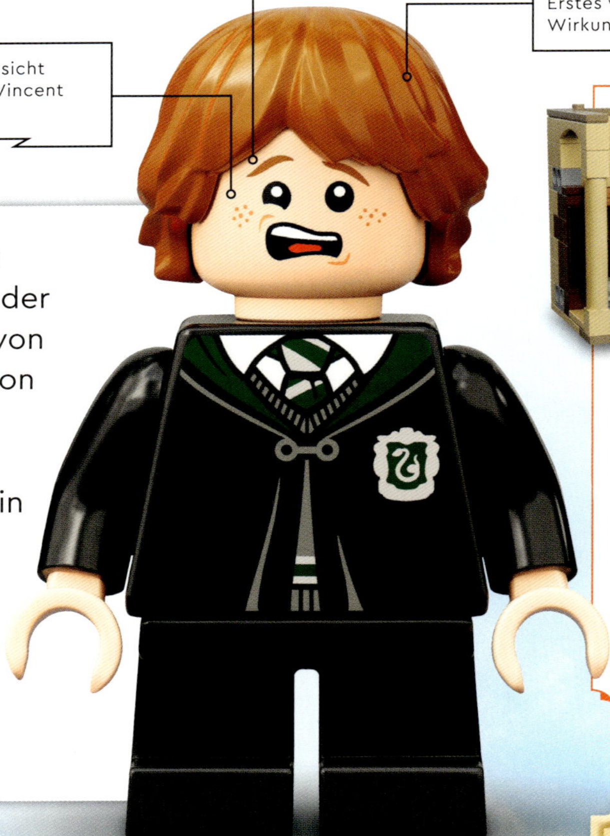

ALS IHR KÖRPER aussieht wie der der beiden Freunde von Draco, dringen Ron und Harry in den Gemeinschaftsraum von Slytherin ein. Sie fragen Draco über die Kammer des Schreckens aus, aber er weiß leider nicht viel.

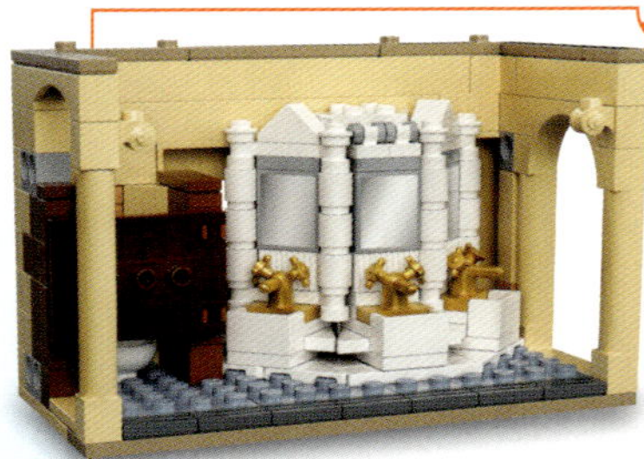

STILLES ÖRTCHEN
Sie brauen den Vielsafttrank heimlich in einer Mädchentoilette, die nie jemand betritt, weil die Maulende Myrte dort haust. Das Gespenstermädchen heult, jammert und schreit jeden an, der in ihre Nähe kommt.

VINCENT CRABBE
Rons Minifigur hat ein zweites Gesicht und ein weiteres Haar-Element, sodass er zu Crabbes Minifigur umgebaut werden kann.

ZAUBERAKTE

JAHR: 2022

SET: 76386: Hogwarts Misslungener Vielsafttrank

ZUBEHÖR: Crabbes Haar-Element, Zauberstab, Gefäß mit Trank

HERMINE GRANGER

IN GESTALT EINER KATZE

ZAUBERAKTE

JAHR: 2022

SET: 76386: Hogwarts Misslungener Vielsafttrank

ZUBEHÖR: Haar-Element, Zauberstab, Gefäß mit Trank

HERMINES VIELSAFTTRANK gelingt. Harry und Ron können also gehen und Draco befragen. Hermines eigene Verwandlung misslingt jedoch: Sie erwischt zufällig ein Katzenhaar vom Umhang der Slytherin-Schülerin Millicent Bulstrode!

ALLES BEREIT

Bevor Hermine Vielsafttrank trinkt, sitzt ihr üblicher Kopf auf einem Körper im Slytherin-Umhang, denn sie will sich in Millicent Bulstrode verwandeln.

KATZENJAMMER

Hermine will vor Scham nicht aus der Toilette kommen, aber sie braucht Hilfe und muss sich überwinden. Dank Madam Pomfrey sieht sie schon nach einigen Tagen wieder aus wie vorher.

PANSY PARKINSON

SCHADENFROHES SLYTHERIN-MÄDCHEN

SCHLECHTE WITZE und böse Kommentare sind alles, was die meisten Schüler von Pansy hören. Sie hasst vor allem Harry und seine Freunde, macht sich aber auch über ihre eigene Gruppe lustig, die sie als Anführerin betrachtet.

WUSSTEST DU SCHON?

Pansy Parkinson ist die erste weibliche Slytherin-Minifigur. Das einzige andere Mädchen mit LEGO Slytherin-Kleidung ist Hermine, als sie versucht, die Gestalt von Millicent Bulstrode anzunehmen.

KEIN ZAUBERHAFTER ORT
Der Slytherin-Gemeinschaftraum liegt tief unten in den Kerkern. Nicht-Slytherins finden es dort sehr ungemütlich. Pansy erledigt ihre Hausaufgaben aber gern hier in Dracos Gesellschaft.

ZAUBERAKTE

JAHR: 2023

SET: 76410: Hausbanner Slytherin™

ZUBEHÖR: Zauberstab, Besen

AURORA SINISTRA

PROFESSORIN FÜR ASTRONOMIE

Der abgeknickte Hut und die Haare bilden ein Element.

Das zweite Gesicht trägt eine Brille.

Gold-Metallic-Aufdruck

WENN ETWAS in den Sternen steht, wird Professor Sinistra es entdecken. Sie unterrichtet Astronomie, also die Bewegung der Planeten, Sterne und anderer Himmelskörper. Meist findet ihr Unterricht nachts statt, aber schlafen darf dabei niemand!

WUSSTEST DU SCHON?

Das LEGO Bauteil, aus dem Professor Sinistras Teleskop hauptsächlich besteht, wurde schon 1994 entworfen – damals als Videokamera.

ZAUBERAKTE

JAHR: 2021

SET: 76389: Hogwarts Kammer des Schreckens

ZUBEHÖR: Zauberstab, Teleskop

STERNE LÜGEN NICHT

Professor Sinistra hält viele ihrer Kurse auf der Spitze des Astronomieturms. Die Schüler blicken durch die Teleskope und füllen ihre Sternkarten aus.

SEAMUS FINNIGAN

GRYFFINDOR-SCHÜLER AUS IRLAND

ZAUBERAKTE

JAHR: 2021

SET: 76383: Hogwarts Moment: Zaubertrankunterricht

ZUBEHÖR: Zauberstab, Buch mit Zaubertrank-Platte

SEAMUS' VATER ist Muggel, seine Mutter eine Hexe und er somit ein Halbblut. Er fühlt sich in der Muggelwelt ebenso wohl wie unter Zauberern. Er hat irische Wurzeln, gehört zu Gryffindor und sein bester Freund ist Dean Thomas. Seamus ist wissbegierig und stellt viele Fragen.

ERSTER EINDRUCK
Seamus' erste Minifigur in Die Peitschende Weide von Hogwarts (75953) hatte Sommersprossen und trug den Gryffindor-Pulli von 2018. Das Set diente als Erweiterung der Schloss-Sets.

VERFLIXTE ZAUBEREI
Der arme Seamus neigt zu Explosionen – er sprengt die Feder im Zauberkundeunterricht ebenso wie den Zaubertrank bei Professor Snape. Sein Minifiguren-Gesicht ist daher oft rußverschmiert.

ARGUS FILCH

UNFREUNDLICHER HAUSMEISTER

ARGUS FILCH ist ein Squib: Seine Eltern waren Zauberer, aber er selbst kann nicht zaubern. Als Hausmeister hält er das Schloss in Ordnung. Dazu gehört, dass er Schüler schnappt, die die Regeln brechen. Diese Aufgabe macht ihm etwas zu viel Spaß.

SCHÜLER IN DEN GÄNGEN!
Filch liebt es, wenn er Schüler erwischt, die die Regeln verletzen. Wenn er freie Hand bekäme, würde er sie noch viel strenger bestrafen!

ZAUBERAKTE

JAHR: 2018

SET: 75953: Die Peitschende Weide von Hogwarts

ZUBEHÖR: Laterne

TIERLIEBE
Eine noch ungepflegtere Filch-Minifigur patrouilliert mit der Katze Mrs. Norris durchs Schloss. Sie spürt für ihn ungezogene Schüler auf. Als sie versteinert wird, ist Filch sehr traurig.

COLIN CREEVEY

BEGEISTERTER ERSTKLÄSSLER

COLIN ist ein Jahr jünger als Harry Potter und sehr aufgeregt, weil er nach Gryffindor kommt – genau wie sein Held. Viele Leute interessieren sich für Harry Potter nur, weil er berühmt ist, aber Colin ist ein treuer Freund.

ZAUBERAKTE

JAHR: 2021

SET: 76389: Hogwarts Kammer des Schreckens

ZUBEHÖR: Kamera

GLÜCK GEHABT!
Colin fotografiert gern – und die Kamera rettet sein Leben. Er wird als erster Schüler versteinert, aber hätte er dem Monster direkt ins Auge geblickt, wäre noch Schlimmeres passiert!

WUSSTEST DU SCHON?

Colin ist in seiner Muggelfamilie der Erste, der zaubern kann. Sein Muggelvater ist ein Milchmann, der nichts über Magie wusste, bis Colin den Brief aus Hogwarts erhielt.

JUSTIN FINCH-FLETCHLEY

SCHÜLER DES HAUSES HUFFLEPUFF

AUCH JUSTIN stammt aus einer Muggelfamilie und ist daher in Gefahr, als die Kammer des Schreckens geöffnet wird. Es heißt, darin lebe ein schreckliches Monster, das die Schule von unwürdigen Schülern befreie und nur Reinblüter nicht angreife.

Das zweite Gesicht sieht besorgt aus – wegen der Wichtel aus Cornwall.

Das gelbe Kapuzenfutter wird am Rücken fortgesetzt.

Den Hufflepuff-Umhang gibt es nur im Design der Haus-Uniform des Jahres 2021.

ZAUBERAKTE

JAHR: 2021

SET: 76389: Hogwarts Kammer des Schreckens

ZUBEHÖR: Zauberstab, braune Eule

MISSVERSTÄNDNIS
Professor Lockhart gründet einen Duellierclub, aber schon bald läuft alles aus dem Ruder. Harry bedroht scheinbar Justin, der später als zweiter Schüler versteinert wird.

TRICKREICHE WICHTEL
Justin ist dabei, als Professor Lockhart die blauen Wichtel aus Cornwall freilässt. Der Lehrer läuft hilflos davon und die Klasse muss allein mit den Wichteln fertig werden, die großes Chaos stiften.

RON WEASLEY

MUTIG IM ANGESICHT VIELER SPINNEN

Ron behält die Spinnen im Auge, während Harry mit Aragog spricht.

Die Rückseite zeigt ein vor Angst schreiendes Gesicht.

Die Hände tragen Lampe und Zauberstab.

DA HERMINE versteinert ist, forschen Ron und Harry nach, was vor 50 Jahren geschah, als die Kammer des Schreckens zum ersten Mal geöffnet wurde. Hagrid sagte: „Folgt den Spinnen." Also folgen sie ihren Spuren bis tief in den Verbotenen Wald hinein.

KRABBELTIER

Diese LEGO Spinne hat ein Einsteckloch in der Mitte und acht feste, gebogene Beine. Sie wurde bereits 2010 entworfen.

QUER DURCH DEN WALD

Müssen es denn ausgerechnet Spinnen sein? Von allen Tieren, die Ron kennt, mag er Spinnen am wenigsten. Außerdem funktioniert auch sein Zauberstab nicht mehr richtig, seit er ihn kleben musste.

ZAUBERAKTE

JAHR: 2018

SETS: 75950: Aragogs Versteck; 75955: Hogwarts Express

ZUBEHÖR: Zauberstab, Lampe, Koffer, Ratte

HARRY POTTER

SUCHT TAPFER DIE WAHRHEIT

ZAUBERAKTE

JAHR: 2018

SETS: 75950: Aragogs Versteck; 75955: Hogwarts Express

ZUBEHÖR: Zauberstab, Kerze

NETZ AUS LÜGEN

Vor 50 Jahren dachten alle, Aragog sei Slytherins Monster und Hagrid sei an allem schuld. Dabei waren beide noch Kinder! Aragog floh in den Wald und hat nun selbst viele Kinder.

TIEF IM VERBOTENEN WALD fragt Harry die Spinne Aragog, was vor 50 Jahren wirklich geschah. Hagrid ist unschuldig, aber Aragog will nicht über das Monster reden. Er spricht seinen Namen niemals aus, denn er fürchtet es mehr als alles andere auf der Welt.

WUSSTEST DU SCHON?

Harry wäre eine leckere Mahlzeit. Da Hagrid für Aragog sorgte und ihm das Leben rettete, dürfen seine Kinder ihm nichts tun, aber Harry und Ron würde er ihnen schon überlassen.

GINNY WEASLEY

GEFANGENE DES MARIONETTENSPIELERS

EIN MÄDCHEN wurde entführt und in die Kammer des Schreckens gebracht: Ginny Weasley. Während ihre Kräfte schwinden, wird Voldemort stärker, bis er fast wieder lebendig ist. Doch Harry und Ron lassen nicht locker.

Das lange Haar wird von einer Spange gehalten.

Die Minifigur der Erstklässlerin Susan Bones hat die gleichen Sommersprossen.

Ginny hat kurze Beine, denn sie ist in ihrem ersten Jahr in Hogwarts.

ZAUBERAKTE

JAHR: 2021

SET: 76389: Hogwarts Kammer des Schreckens

ZUBEHÖR: Zauberstab, Besen

HINGUCKER

Ginnys Minifigur trägt in der Winkelgasse (75978) Kleidung in Magenta. Dort schmuggelt Lucius Malfoy das Tagebuch zwischen ihre Bücher.

MÄCHTIGE MAGIE

Ginny benutzt Tom Riddles Tagebuch, um sich ihm anzuvertrauen und ihn um Rat zu fragen. Tom kann sehr überzeugend sein und so bringt er sie dazu, die Kammer des Schreckens für ihn zu öffnen.

HARRY POTTER

DER ERBE VON GRYFFINDOR

Harry kann die Augen ruhig öffnen, denn Fawkes hat die des Basilisken herausgepickt.

HARRY HÖRT das Monster in der Kammer des Schreckens. Es ist ein Basilisk, eine Schlange. Harry tritt ihm und Tom Riddle entschlossen entgegen, und obwohl er wieder die Regeln bricht, beweist er Mut, Klugheit und Treue zu Dumbledore.

In der Kammer des Schreckens werden die Kleider nass und schleimig.

Sein Hogwarts-Umhang ist offen, anders als bei allen anderen Schülern in diesem Set.

ZAUBERAKTE

JAHR: 2021

SET: 76389: Hogwarts Kammer des Schreckens

ZUBEHÖR: Zauberstab, Schokofrosch, Gryffindors Schwert

FLOHPULVER IM GESICHT

Diese Minifigur kauft zu Beginn des Jahres in der Winkelgasse (75978) ein. Eins der Gesichter ist mit Flohpulver verschmiert, weil er es zum ersten Mal benutzt. Ups!

BESIEGTE SCHLANGE

Kein Monster ist so gefährlich wie der Basilisk. Jeder, der der Riesenschlange ins Auge blickt, stirbt. Beim Blick durch Wasser, eine Linse, einen Spiegel oder Geist wird man versteinert.

ALBUS DUMBLEDORE

FÜRSPRECHER DER ZAUBERER AUS MUGGELFAMILIEN

IN HOGWARTS wird all jenen geholfen, die darum bitten. Als die Kammer des Schreckens geöffnet wird, beweist Harry so starke, unerschütterliche Treue zum Schulleiter, dass ihm dessen Phönix Fawkes in der Not zur Hilfe eilt.

DREIMAL ROT
Zwei weitere Minifiguren in den Sets Fawkes: Dumbledores Phönix (76394) und Hogwarts: Dumbledores Büro (76402) tragen ebenfalls rote Roben (mit Hose).

ZAUBERAKTE

JAHR: 2020

SET: 71028: LEGO Harry Potter Serie 2

ZUBEHÖR: Der Phönix Fawkes, Zauberstab

ES GIBT IMMER HOFFNUNG
Dumbledores Minifigur hat drei Dinge, mit denen alles gut wird: Fawkes blendet den Basilisken, und der Sprechende Hut bringt das Schwert von Gryffindor, mit dem Harry den Basilisk besiegt.

TOM RIDDLE

DER ERBE SLYTHERINS

SIEH DIR Tom Vorlost Riddle an. Die Buchstaben seines Namens ergeben „ist Lord Voldemort“. Ein kleiner Rest des 16-jährigen Voldemort hat im Tagebuch überlebt. Damit will er nun seine Stärke zurückerlangen.

BÜCHERWURM
Ebenso wie Tom selbst kam auch seine erste Minifigur exklusiv aus einem Buch – aus dem LEGO *Harry Potter: Das Magische Lexikon* von DK.

ZAUBERAKTE

JAHR: 2021

SET: 76389: Hogwarts Kammer des Schreckens

ZUBEHÖR: Zauberstab, Tagebuch

SLYTHERINS MACHT
Hinter dem mit der Schlange verzierten Tor liegt die Kammer des Schreckens. Nur Voldemort kann den Basilisken kontrollieren, denn er ist der Erbe Slytherins.

KAPITEL DREI

HARRY POTTER UND DER GEFANGENE VON ASKABAN™

EIN NEUER LEHRER mit zerkratztem Gesicht, entsetzliche Dementoren und Gerüchte über einen entflohenen Sträfling: Der Zug nach Hogwarts ist noch nicht einmal in Hogsmeade angekommen und schon häufen sich die Hinweise, dass das dritte Schuljahr aufregend wird.

STAN SHUNPIKE

SCHAFFNER IM FAHRENDEN RITTER

WILLKOMMEN im Fahrenden Ritter, dem Nottransport für gestrandete Hexen und Zauberer. Schaffner Stan Shunpike trägt einen leuchtend lilafarbenen Anzug, passend zum Bus. Er begrüßt Passagiere, verkauft Tickets und trägt das Gepäck.

ZAUBERAKTE

JAHR: 2019

SET: 75957: Der Fahrende Ritter

ZUBEHÖR: Keins

WUSSTEST DU SCHON?

Das Set des Fahrenden Ritters enthält ganze 170 lilafarbene Steine in 28 Formen. Das Fensterrahmen-Element in dieser Farbe wurde extra für dieses Modell hergestellt.

DURCHGESCHÜTTELT
Schnalle dich lieber an! Der Dreidecker-Bus hat zwar Betten, aber sie rutschen hin und her, sodass man kaum schlafen kann. Auch der Leuchter wackelt: In diesem Set hängt er an einem lockeren LEGO® Pin.

ERNIE PRANG

CHAUFFEUR DES FAHRENDEN RITTERS

Glatze und weißes Haar bilden ein einzelnes LEGO Element.

Große Brillengläser auf einzigartigem Aufdruck

WILLST DU MITFAHREN?
Ernie Prang, der Fahrer des knallig lilafarbenen Busses kann dich überallhin bringen, wohin du möchtest. Er flitzt rasant durch die Straßen, schlittert um die Ecken und quetscht sich durch engste Lücken. Gib Vollgas, Ernie!

SCHRUMPFKOPF
Ernie sitzt nicht allein in der Fahrerkabine. Bei ihm ist ein sprechender Schrumpfkopf. Er kommentiert laufend die Fahrt und kreischt, um Ernie auf Hindernisse aufmerksam zu machen.

Die beigefarbene Hose ist die gleiche wie bei Remus Lupin.

ZAUBERAKTE

JAHR: 2019
SET: 75957: Der Fahrende Ritter
ZUBEHÖR: Keins

RETTENDER RITTER
Der Fahrende Ritter erscheint, wenn man die Zauberstabhand ausstreckt. Das funktioniert sogar bei Harry, der den Bus gar nicht kennt. Ernie rettet Harry nach seiner Flucht vor den Dursleys.

HERMINE GRANGER

PASSAGIERIN IM HOGWARTS-EXPRESS

GENAU PÜNKTLICH

Im Bahnhof King's Cross passiert Hermine die muggelsichere Barriere zum Bahnsteig 9 ¾ rechtzeitig, um den Hogwarts-Express zu erreichen. Er fährt wie jedes Jahr am 1. September genau um 11 Uhr ab.

Die junge Frisur haben einige, aber nicht alle Hermine-Minifiguren im dritten Jahr.

Die Hermine-Minifigur von 2022 ist älter und mit einer neuen Version des gestreiften Hoodies bedruckt.

Hermine hat kurze Beine, da das Set Ereignisse im ersten und dritten Film darstellen kann.

ZAUBERAKTE

JAHR: 2018

SET: 75955: Hogwarts Express

ZUBEHÖR: Zauberstab, Koffer

KRUMMBEIN

Im dritten Jahr kauft sich Hermine einen Kater mit rotem Fell. Krummbein begleitet ihre größere Minifigur, die eine erwachsenere Frisur hat und auch aus dem Jahr 2018 stammt.

HERMINE FREUT SICH auf die Rückkehr nach Hogwarts. Im dritten Jahr gibt es viele neue Fächer, zum Beispiel Wahrsagen, Muggelkunde und Pflege magischer Geschöpfe. Wie soll Hermine nur genug Zeit finden, um das alles zu lernen?

REMUS LUPIN

LEHRER FÜR VERTEIDIGUNG GEGEN DIE DUNKLEN KÜNSTE

PROFESSOR LUPIN ist der dritte Lehrer für Verteidigung gegen die Dunklen Künste. Er hat viel Erfahrung mit dunkler Magie, ist mitfühlend und kann die Kinder für den Unterricht begeistern. Dumbledore heißt ihn willkommen, obwohl er sein schreckliches Geheimnis kennt.

AUF DEM SCHULWEG

Der neue Lehrer sitzt bei den Schülern im Hogwarts-Express. Hermine mit ihrer guten Beobachtungsgabe würde es wohl als Erste bemerken, wenn etwas an ihm ungewöhnlich wäre.

ZAUBERAKTE

JAHR: 2018

SET: 75955: Hogwarts Express

ZUBEHÖR: Zauberstab, Koffer

GEFLICKT STATT NEU

Lupins zugfahrende Minifigur von 2022 trägt einen dunkleren Anzug mit gestreiftem Hemd, der sogar noch älter aussieht – mit vielen Flicken und Kratzern.

DEMENTOR

SCHRECKLICHER WÄCHTER VON ASKABAN

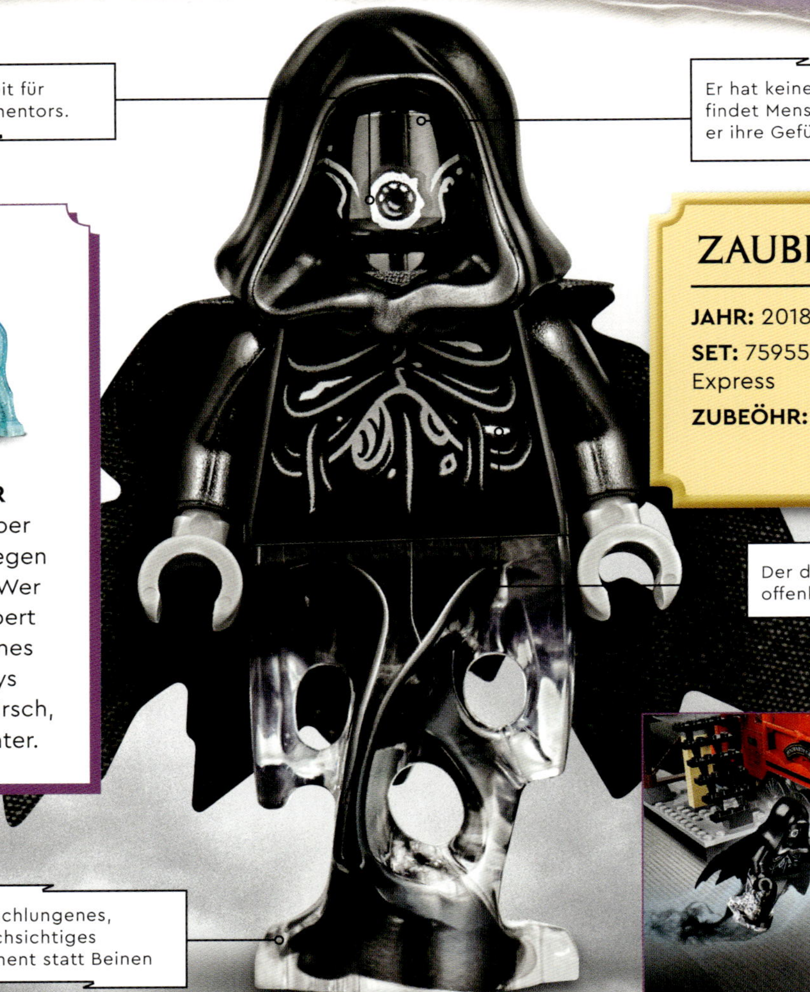

SCHUTZZAUBER
Der Patronus-Zauber wirkt als Schild gegen die Dementoren. Wer ihn gut kann, zaubert ihn in der Form eines Tiers herbei. Harrys Patronus ist ein Hirsch, wie bei seinem Vater.

ZAUBERAKTE

JAHR: 2018

SET: 75955: Hogwarts Express

ZUBEÖHR: Keins

EISIGE LUFT
Harry trifft im Hogwarts-Express erstmals auf Dementoren. Sie suchen nach dem entflohenen Sträfling Sirius Black, aber auch Harry fällt in Ohnmacht. Professor Lupin kann sie vertreiben.

DEMENTOREN SIND BÖSE Kreaturen, die das Zauberergefängnis Askaban bewachen. Sie saugen die guten Gefühle aus den Menschen. Noch schlimmer ist der Kuss eines Dementors, denn dabei saugt er die Seele aus einen Menschen heraus.

DRACO MALFOY

SCHÜLER IM FACH PFLEGE MAGISCHER GESCHÖPFE

Er hat auch ein böse grinsendes Gesicht.

DRACO IST SEHR ARROGANT und verachtet Hagrid. Es gefällt Draco nicht, dass Hagrid nun Lehrer für die Pflege magischer Geschöpfe ist. Hagrid liebt einfach alle Tiere, weshalb er oft unterschätzt, wie viel Schaden sie anrichten können.

MONSTERBUCH DER MONSTER

Hagrid findet es lustig, seinen Schülern ein Buch zu geben, das versucht sie zu schnappen. Die meisten erkennen nicht, dass es brav und zutraulich wird, wenn man es am Rücken streichelt.

Gleicher Torso wie beim kurzbeinigen Draco im Set Die große Halle von Hogwarts (75954)

Mittellange, gelenkige Beine für Drittklässler

ZAUBERAKTE

JAHR: 2020

SET: 30628: Monsterbuch der Monster

ZUBEÖHR: Zauberstab

MONSTERGRÖSSE

Draco hat ein riesiges Monsterbuch im Gepäck, das rollen und schnappen kann. Das echte Lehrbuch kann zwar fest zubeißen, ist dafür aber nur so groß wie ein normales Buch.

NEVILLE LONGBOTTOM

SCHÜLER IM FACH PFLEGE MAGISCHER GESCHÖPFE

Glattes Haar-Element mit Seitenscheitel wie bei Neville als Kellner im sechsten Jahr

Ständig besorgter Gesichtsausdruck

NEVILLE IST im Unterricht oft nervös, aber in Pflege magischer Geschöpfe besteht wirklich Grund zur Sorge. Schon, weil das Lehrbuch *Monsterbuch der Monster* heißt. Ständig rennt es den Schülern hinterher und schnappt nach ihnen.

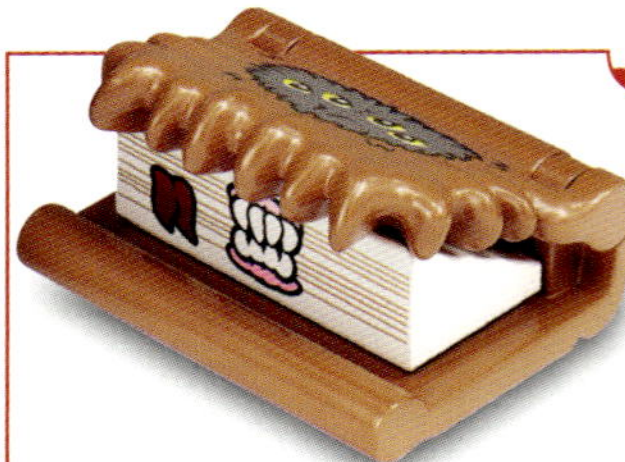

BUCH MIT BISS
Nevilles *Monsterbuch der Monster* hat ein Scharnier und eine zerfranste Kante aus Pelz. Zwischen den Deckeln ist ein keilförmiges Element mit aufgedruckten Zähnen und Seiten.

WUSSTEST DU SCHON?

Hagrids Drittklässler können ihr *Monsterbuch* kaum zähmen. Harry musste sein Exemplar mit einem Schuh locken, auf es springen und es mit dem Gürtel festzurren.

Warmer Umhang: Der Unterricht in Pflege magischer Geschöpfe findet im Freien statt.

ZAUBERAKTE

JAHR: 2020

SET: 71028: LEGO Harry Potter Serie 2

ZUBEHÖR: *Monsterbuch der Monster*, Zauberstab

IRRWICHT

FURCHTERREGENDER GESTALTWANDLER

ZAUBERAKTE

JAHR: 2018

SET: 5005254: Harry Potter Minifiguren Set

ZUBEHÖR: Rote Handtasche

IRRWICHTE SIND Gestaltwandler, die die Form deiner größten Angst annehmen. Bei Neville Longbottom ist das Professor Snape. Man kann ihn besiegen, indem man ihn lächerlich aussehen lässt. Neville steckt Professor Snape in die Kleider seiner Großmutter.

WUSSTEST DU SCHON?

Rons Irrwicht verwandelt sich in eine riesige Acromantula, aber er zaubert ihr acht Rollschuhe. Harrys wird zu einem Dementor und Professor Lupins ein Vollmond, da er ein Werwolf ist.

RIDDIKULUS!
In Verteidigung gegen die Dunklen Künste lässt Professor Lupin einen Irrwicht aus dem Schrank. So tritt jeder Drittklässler seiner größten Furcht gegenüber und besiegt sie mit dem Riddikulus-Zauber.

PERCY WEASLEY

SCHULSPRECHER

Alle Weasleys haben rotes Haar, aber nur Percy hat diese Locken.

Stolz trägt er das Schulsprecher-Abzeichen.

Die vorgeschriebene Uniform sitzt perfekt.

PERCY WEASLEY ist aufgeblasen und sehr ehrgeizig. Rons Bruder genießt sein Ansehen als Schulsprecher und setzt streng die Regeln durch. Nach dem Abschluss in Hogwarts will er im Zaubereiministerium arbeiten, wo er viel Macht ausüben kann.

BESCHEIDENES HEIM
Percy wächst mit fünf Brüdern und einer Schwester im Fuchsbau auf. Jetzt will er sich gern mit Personen umgeben, die er für eindrucksvoller hält als seine eigene, bescheidene Familie.

WUSSTEST DU SCHON?

Krätze, die Ratte, war früher Percys Haustier. Als ihm die Eltern zur Belohnung eine Eule schenkten, weil er Schulsprecher wurde, reichte er Krätze an Ron weiter.

ZAUBERAKTE

JAHR: 2022

SET: DK-Buch LEGO® *Harry Potter™: Magische Hogwarts Häuser*

ZUBEHÖR: Zauberstab

MR. FLUME

LADENBESITZER DES HONIGTOPFS

AMBROSIUS FLUME und seine Frau führen den Süßigkeitenladen Honigtopf. Sie sind alteingesessene Bewohner von Hogsmeade und ihre selbst gemachten Leckereien sind in der ganzen Zauberwelt berühmt. Sie liefern auch die Süßigkeiten für den Hogwarts-Express.

ZAUBERAKTE

JAHR: 2021

SET: 76388: Besuch in Hogsmeade

ZUBEHÖR: Säuredrops, Honigtopf-Box

WUSSTEST DU SCHON?

Der Honigtopf liegt in bester Lage an der Hauptstraße von Hogsmeade. Das Dorf ist in der Muggelwelt völlig unbekannt und es wohnen dort nur Hexen und Zauberer.

HERRLICHE SCHAUFENSTER
Große Fensterscheiben locken die Passanten mit einem tollen Sortiment an Leckereien und dem Schokoladenbrunnen. Besonders einladend wirkt der Laden mit Schnee überzuckert.

MRS. FLUME

LADENBESITZERIN DES HONIGTOPFS

MRS. FLUME führt mit ihrem Mann den Süßigkeitenladen Honigtopf. Ihr LEGO Laden quillt über mit allem, was süß und lecker ist. Die Auswahl ist riesig, von Säuredrops über Kekse und Popcorn bis hin zu Lollis und Regalen voller Bonbongläser.

ZAUBERAKTE

JAHR: 2021

SET: 76388: Besuch in Hogsmeade

ZUBEHÖR: Säuredrops, Keks

SCHULFREI!
Die Ausflüge der Schüler sind gut fürs Geschäft. Bei ihren seltenen Besuchen in Hogsmeade drängen sich alle in den Honigtopf, um ihre Vorräte aufzufüllen. Wie wär's mit Zuckerfedern?

SÄUREDROPS
Ein durchsichtiges, gelbes Minifigur-Kopfteil mit satiniertem Element darauf ergibt ein Glas verlockende Säuredrops. Die süß-sauren Bonbons sind der absolute Renner!

MADAM ROSMERTA

WIRTIN DER DREI BESEN

HÄTTEST DU GERN einen erfrischenden Krug Butterbier, eingeschenkt von einer freundlichen Wirtin? Dann bist du in den Drei Besen goldrichtig. In Madam Rosmertas gemütlichem Wirtshaus gibt es auch Elfenwein, Feuerwhisky und Kürbissaft.

ZAUBERAKTE

JAHR: 2021

SET: 76388: Besuch in Hogsmeade

ZUBEHÖR: Keins

STAMMKUNDIN

Wenn Professor McGonagall in Hogsmeade ist, besucht sie ihre alte Freundin Madam Rosmerta in den Drei Besen. Mit schäumendem Butterbier setzen sich die beiden gemütlich ans Feuer.

ÜBERALL GESUCHT

In diesem Schuljahr liegt ein Schatten über den Ausflügen nach Hogsmeade. Steckbriefe warnen vor dem entflohenen Sträfling Sirius Black. Er ist aus dem Zauberergefängnis Askaban ausgebrochen.

MINERVA MCGONAGALL

GAST IN DEN DREI BESEN

KLATSCH & TRATSCH

In den Drei Besen kursieren die wildesten Gerüchte. Hier hört der unsichtbare Harry, dass Sirius Black sein Pate ist, aber auch die falsche Nachricht, Sirius habe seine Eltern verraten.

ZAUBERAKTE

JAHR: 2021

SET: 76388: Besuch in Hogsmeade

ZUBEHÖR: Zauberstab, Kelch

ALS PROFESSOR MCGONAGALL in Harrys drittem Schuljahr Hogsmeade besucht, trägt ihre Minifigur eine grüne Robe in neuem Design. Außerdem hat die Minifigur zum ersten Mal ein Haar-Element und keinen Hexenhut.

WUSSTEST DU SCHON?

Minerva war der Name der römischen Göttin der Weisheit. Es ist der perfekte Name für Minerva McGonagall, die Wissen hoch schätzt und ihr Leben der Bildung widmet.

SYBILL TRELAWNEY

PROFESSORIN FÜR WAHRSAGEN

PROFESSOR TRELAWNEY hat schon einige Ereignisse prophezeit, in denen es um Leben und Tod ging und die sich bewahrheiteten. Da ihr „inneres Auge" aber nicht auf Befehl arbeitet, wirkt sie oft verwirrt. Am liebsten sagt sie schlimme Ereignisse voraus.

ERSTER AUFTRITT
Professor Trelawneys Original-Minifigur von 2018 trug ein abgeschrägtes Rock-Element, keine Hose. Dafür hatte sie eine Teetasse, um Katastrophen vorherzusagen – vor allem für Harry Potter.

ZAUBERAKTE

JAHR: 2022

SET: 76396: Hogwarts Moment: Wahrsageunterricht

ZUBEHÖR: Zauberstab, Kristallkugel, Teekanne, Teetasse

EINE NOBLE KUNST?
Harrys Klasse lernt das Wahrsagen im dritten Jahr. Im bunt dekorierten Turmzimmer der Professorin sollen sie aus Teeblättern, Kristallkugeln und Träumen die Zukunft vorhersehen.

CORNELIUS FUDGE

ZAUBEREIMINISTER

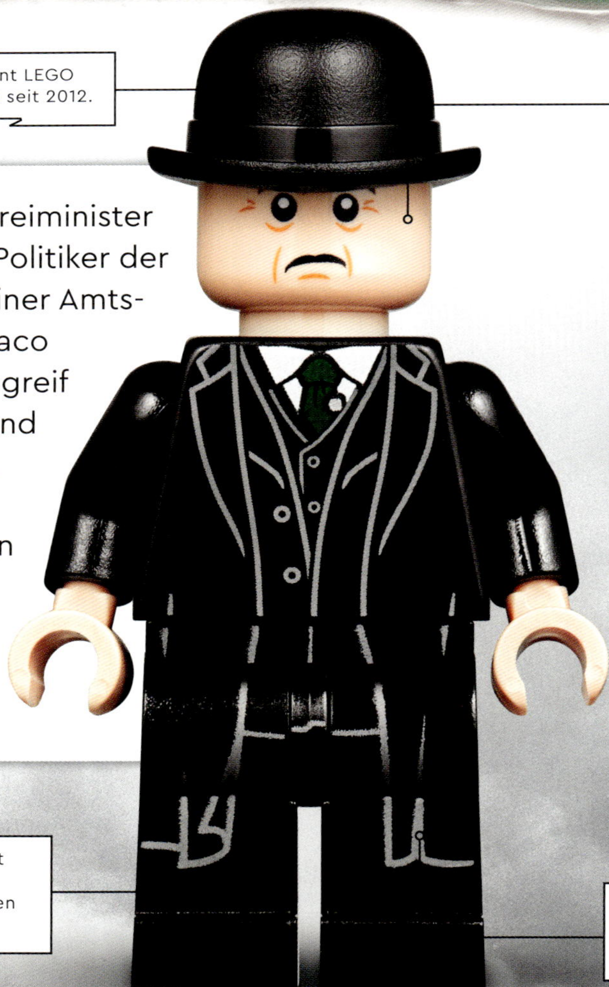

Das Hut-Element LEGO Melone gibt es seit 2012.

Das gleiche glattrasierte Gesicht hat auch Corban Yaxley.

Normalerweise trägt Cornelius Fudge im Büro einen schwarzen Anzug.

Langer Regenmantel für den Weg über die schlammigen Hogwarts-Ländereien

FUDGE IST Zaubereiminister und der höchste Politiker der Zauberwelt. In seiner Amtszeit provoziert Draco Malfoy den Hippogreif Seidenschnabel und wird verletzt. Das unschuldige Tier wird auf Verlangen von Dracos Vater Lucius Malfoy vom Ministerium verurteilt.

HILFE, EINE HACKE!
Ein düsterer Henker mit weiter Kapuze begleitet Fudge. Er soll die schlimme Tat vollbringen und trägt ein gruseliges Werkzeug mit einer LEGO Klinge, die im Jahr 2019 neu herauskam.

SCHWERE PFLICHT
Fudge kommt in Hagrids Hütte, weil er die Strafe für Seidenschnabel beaufsichtigen muss. Der steht zuerst brav im Kürbisfeld, doch dann ist er plötzlich verschwunden …

ZAUBERAKTE

JAHR: 2019

SET: 75947: Hagrids Hütte: Seidenschnabels Rettung

ZUBEHÖR: Keins

SIRIUS BLACK

MEISTGESUCHTER ZAUBERER

Im Gefängnis sind Haare und Bart lang und wirr geworden.

ZAUBERAKTE

JAHR: 2019

SET: 75945: Expecto Patronum

ZUBEHÖR: Keins

Brusttätowierung

Zerrissene, schmutzige Askaban-Kleidung

GEFANGEN IN ASKABAN
Im Jahr 2022 waren zwei weitere verlotterte Minifiguren von Sirius Black auf der Flucht: eine in der Heulenden Hütte und eine, die aus Hogwarts flieht.

HIPPOGREIF ALS RETTER
Als Sirius vom Ministerium gefangen wird, retten Harry und Hermine mit dem Zeitumkehrer zuerst Seidenschnabel und dann Sirius. Der Hippogreif bringt Sirius in Sicherheit.

ALLE FÜRCHTEN SIRIUS BLACK, der aus Askaban geflohen ist. Doch er saß unschuldig im Gefängnis. Sirius will seinen Namen reinwaschen und sein Patenkind Harry besuchen. Dafür muss er die Dementoren überlisten – gar nicht so leicht!

PETER PETTIGREW

VERRÄTER SEINER FREUNDE

ENTHÜLLUNG
2022 erschien im Set Heulende Hütte und Peitschende Weide (76407) eine Version von Peter Pettigrew genau im Moment ihrer Verwandlung, sowie die Freunde, die er verriet.

VOR ALLER AUGEN
Nicht jeder Zauberer würde gern zwölf Jahre in Rattengestalt verbringen, aber es ist immerhin besser als eine Zelle in Askaban. Alle hielten Peter für tot, dabei lebte er in seiner Animagus-Gestalt gemütlich bei den Weasleys.

PETER PETTIGREW war einer der vier „Rumtreiber", gemeinsam mit James Potter, Remus Lupin und Sirius Black. Sie waren die besten Freunde und standen immer füreinander ein – bis Pettigrew sie an Voldemort verriet.

ZAUBERAKTE

JAHR: 2019

SET: 75965: Der Aufstieg von Voldemort

ZUBEHÖR: Zauberstab

REMUS LUPIN

UNFREIWILLIGER WERWOLF

ZAUBERAKTE

JAHR: 2022

SET: 76407: Heulende Hütte und Peitschende Weide

ZUBEHÖR: Keins

Der Wolfskopf wird getauscht gegen das Kopfteil – anders als Hermines Katzenkopf, der über ihr Kopf-Element gestülpt wird.

Gegossenes, abgeknicktes, hundeartiges Beinteil

Das Braun passt zu Lupins Anzug im gleichen Set.

PROFESSOR LUPIN wurde als Kind tragischerweise von einem Werwolf gebissen. Bei jedem Vollmond verwandelt er sich in einen wilden, grausamen Werwolf. Er weiß dann nicht mehr, wer er wirklich ist, und würde sogar seine besten Freunde angreifen.

WOLFSMENSCH

Im Set ist auch eine neue menschliche Lupin-Minifigur und eine drehbare LEGO Funktion zum Austauschen. Das zweite Gesicht hat die gelben Augen eines Wolfs und ein paar Haarsprossen.

TREUE FREUNDE

Als Schüler brachten Lupins Freunde (James, Sirius und Peter) ihn jeden Monat in die Heulende Hütte. Dort war er sicher. Die Peitschende Weide soll andere Schüler fernhalten.

HARRY POTTER

HELD DER DRITTEN KLASSE

Einige Harry-Minifiguren des dritten Schuljahrs haben dieses junge Haar-Element.

IM EREIGNISREICHEN dritten Jahr trägt Harry oft dieses hellblaue T-Shirt und die dunkelblaue Reißverschlussjacke. In diesem Outfit sitzt Harry im Fahrenden Ritter, reist durch die Zeit und rettet Seidenschnabel, Sirius und sich selbst.

ZAUBERAKTE

JAHR: 2019

SETS: 75957: Der Fahrende Ritter; 75947: Hagrids Hütte: Seidenschnabels Rettung; 75945: Expecto Patronum

ZUBEHÖR: Koffer, Zeitung, Zauberstab

Auch ein älterer Harry mit langen Beinen im Set Grimmauldplatz Nr. 12 (76408) hat diesen Torso mit Sweat-Jacke.

Mittellanges Beinteil für Harry im dritten Jahr

JUNGS IN BLAU

Varianten dieser Minifigur schleichen heimlich nach Hogsmeade (76388) oder gehen mit schmutzigem T-Shirt zur Heulenden Hütte (76407) und in den Hogwarts Krankenflügel (76398).

HARRYS PATRONUS

Professor Lupin bringt Harry bei, aus einer starken, glücklichen Erinnerung einen Patronus zu zaubern, der ihn vor den Dementoren schützt. Harrys hat die Gestalt eines Hirschs, wie bei seinem Vater.

RON WEASLEY

VERLETZTER HELD

BEIM ANBLICK des Grim, eines schwarzen Hunds als böses Omen, erschrickt Ron. Dann beißt ihn das Wesen auch noch ins Bein und zieht ihn in den Tunnel unter der Peitschenden Weide. Glücklicherweise ist der Grim nicht echt, nur Sirius in Animagus-Gestalt.

JEDE BOHNE EINE ÜBERRASCHUNG
Ein Freund bringt Ron Bertie Botts Bohnen in allen Geschmacksrichtungen – wirklich *allen* Geschmacksrichtungen. Es gibt sehr leckere, aber auch Erbrochenes oder Ohrenschmalz.

ZAUBERAKTE

JAHR: 2022

SET: 76398: Hogwarts Krankenflügel

ZUBEHÖR: Gehstock

AM BEIN GEZOGEN
Sirius Black wollte Ron nicht wehtun. Er war hinter Krätze her, also Peter Pettigrew. Trotzdem ist Rons Bein gebrochen und der Aufenthalt im Krankenflügel ziemlich lang und schmerzhaft.

POPPY POMFREY

SCHUL-KRANKENSCHWESTER

Das Schwesternhaube-Element ist einzigartig.

Die Minifigur kann die umgedrehte Uhr gut ablesen.

Breiter, elastischer Gürtel mit Metallschließe

Saubere, weiße Schwesternrobe

ZAUBERAKTE

JAHR: 2022

SET: 76398: Hogwarts Krankenflügel

ZUBEHÖR: Klemmbrett mit Krankenblatt

IN DER ZAUBERWELT gibt es keine Ärzte, sondern Heiler. Madam Pomfrey ist eine wunderbare Heilerin und kümmert sich darum, dass es in Hogwarts allen gut geht. Mit allen möglichen Zauberkrankheiten und Unfällen ist sie sehr beschäftigt.

HEILENDE HÄNDE

Im zweiten Schuljahr muss Madam Pomfrey die Knochen in Harrys Arm neu wachsen lassen, nachdem der Heilungsversuch von Professor Lockhart alles nur schlimmer machte.

BEINHARTE KNOCHEN

Eins von Madam Pomfreys Mitteln heißt Skele-Wachs. Es heilt Knochen oder baut sie sogar ganz neu auf, doch das dauert die ganze Nacht und tut sehr weh!

HERMINE GRANGER

ZEITREISENDE

GUTES TIMING

Im Hogwarts Krankenflügel hat Hermines Minifigur einen tragbaren LEGO Zeitumkehrer. Sie und Harry reisen drei Stunden zurück und retten zwei Unschuldige: Seidenschnabel und Sirius.

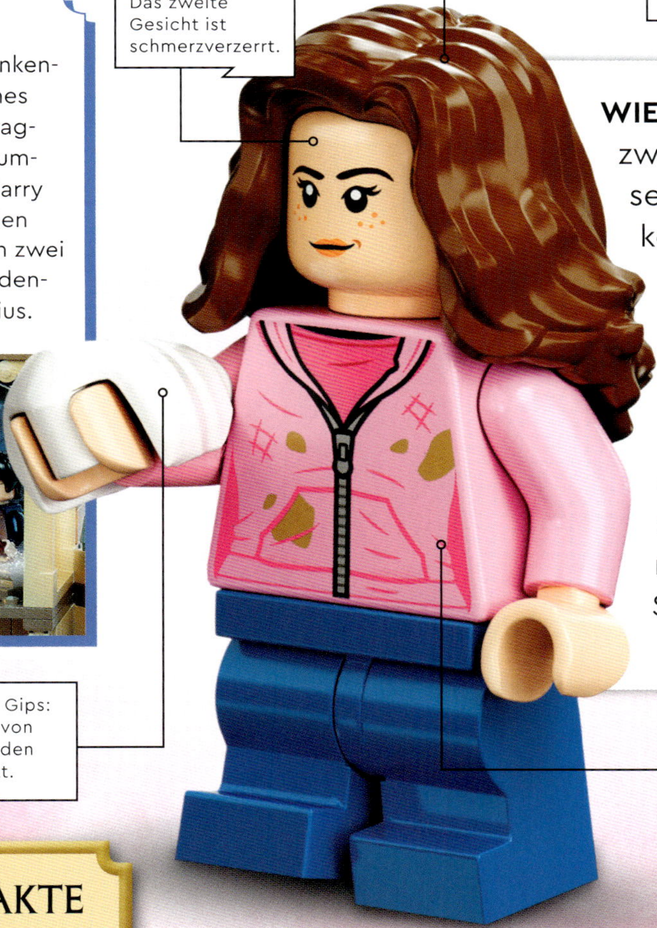

WIE KANN JEMAND an zwei Orten gleichzeitig sein? Mit dem Zeitumkehrer! Hermine reist mit dem Zaubergerät immer wieder zurück, damit sie mehr Fächer belegen kann. Zeitreisen sind jedoch sehr riskant und man darf nie mehr als ein paar Stunden in die Vergangenheit gehen.

ZAUBERAKTE

JAHR: 2022

SETS: 76407: Heulende Hütte und Peitschende Weide; 76398: Hogwarts Krankenflügel

ZUBEHÖR: Zauberstab, Zeitumkehrer, Armgips

FRÜHERE ZEITEN

Ein früheres Exemplar dieser Hermine-Minifigur von 2019 trägt die gleiche Kleidung, hat aber einen aufgedruckten Zeitumkehrer um den Hals hängen.

KAPITEL VIER

HARRY POTTER UND DER FEUERKELCH™

GROSSE AUFREGUNG HERRSCHT, als in Harrys viertem Jahr das Trimagische Turnier in Hogwarts stattfindet. Er gerät unfreiwillig in die Wettkämpfe. Dort erwarten ihn äußerst schwierige Herausforderungen und eine unvorhergesehene, riesengroße Gefahr.

Harry Potter – als Champion des Turniers

HARRY POTTER

IM VIERTEN SCHULJAHR

Die Blitznarbe auf Harrys Stirn schmerzt wieder.

Das längere Haar-Element mit Pony gibt es nur bei den Harry-Minifiguren des vierten Jahres.

Diesen Gryffindor-Torso von 2021 haben mehrere kurz- und langbeinige Minifiguren.

NUN BEGINNT das vierte Jahr in Hogwarts und Harry ist gewachsen. Seine LEGO® Beine und Haare sind länger. Seltsamerweise schmerzt plötzlich die Narbe. Beim letzten Mal bedeutete dies, dass Voldemort in der Nähe war.

ZAUBERAKTE

JAHR: 2022

SET: 76396: Hogwarts Moment: Wahrsageunterricht

ZUBEHÖR: Teetasse, Zauberstab

EULENPOST

Hedwig befördert viele Briefe von Harry an seinen Paten Sirius Black. Sirius versteckt sich vor dem Zaubereiministerium, weil er als Verbrecher gesucht wird, obwohl er unschuldig ist.

DAS INNERE AUGE

Harry weiß nichts davon, aber eine Prophezeiung Professor Trelawneys hatte großen Einfluss auf sein Leben. Deswegen suchte Voldemort vor 14 Jahren ihn und seine Eltern auf.

ALBUS DUMBLEDORE

GASTGEBER DES TRIMAGISCHEN TURNIERS

IN HARRYS VIERTEM JAHR ist Hogwarts Gastgeber des Trimagischen Turniers. Bei dem legendären Ereignis müssen Schüler von drei Schulen eine Reihe magischer Wettbewerbe bestehen. Als Schulleiter erklärt Dumbledore das Turnier für eröffnet.

Die flache Mützenform gab es auf der Dumbledore-Minifigur 2018 in Blau.

Das zusammengebundene Bart-Element war 2019 neu.

Diese lavendelfarbene Robe trägt Dumbledore in Harrys viertem Jahr.

SCHOKOFROSCH-KARTEN

Alle Schokofrösche enthalten eine Sammelkarte mit berühmten Hexen und Zauberern. Dumbledore ist natürlich auch dabei. 2022 wurden den Sets zufällige LEGO-Versionen beigelegt.

ZAUBERAKTE

JAHR: 2019

SET: 75948: Hogwarts Uhrenturm

ZUBEHÖR: Keins

WEIHNACHTSBALL

Zum Trimagischen Turnier gehört traditionell der große Weihnachtsball. Die Champions eröffnen den Tanz, danach folgen ihnen Dumbledore und die anderen Lehrer und Schüler auf die Tanzfläche.

MAD-EYE MOODY

LEHRER FÜR VERTEIDIGUNG GEGEN DUNKLE KÜNSTE

ALASTOR „MAD EYE" Moody sieht unheimlich aus, ist aber ein berühmter Auror, der Dunkle Zauberer fängt. Viele Zellen in Askaban sind dank ihm gefüllt. Nun unterrichtet er Verteidigung gegen die Dunklen Künste, aber möglicherweise trügt der Schein …

ZAUBERAKTE

JAHR: 2022

SET: 76397: Hogwarts Moment: Verteidigungsunterricht

ZUBEHÖR: Gehstock, Flasche mit Vielsafttrank, Lehrbuch

MEISTER-BETRÜGER
Mad-Eye Moodys erste Minifigur von 2018 weist auf sein wahres Ich hin: Der Hinterkopf ist mit dem Gesicht von Barty Crouch Junior bedruckt.

VERTRETUNGSLEHRER
Das seltsame, sprunghafte Verhalten des neuen Lehrers ist ein Hinweis darauf, wer er wirklich ist: Barty Crouch Junior ist ein Todesser. Er nimmt mithilfe von Vielsafttrank Moodys Gestalt an.

NEVILLE LONGBOTTOM

VERSTÖRTER SCHÜLER

Das Haar-Element in dieser Farbe hat auch Rons Minifigur, wenn er sich mit Vielsafttrank in Gregory Goyle verwandelt.

Der zweite Gesichtsausdruck ist verzweifelt.

DUNKLE KÜNSTE
Der Cruciatus-Fluch und Avada Kedavra sind zwei der drei Unverzeihlichen Flüche. Wer einen davon anwendet, landet für immer in Askaban.

DREI FLÜCHE
Mad-Eye Moody (der getarnte Barty Crouch Jr.) gestaltet seinen Unterricht mit viel Praxis. An einer vergrößerten Spinne zeigt er die drei Unverzeihlichen Flüche.

Diesen Gryffindor-Torso mit offenem Umhang tragen auch Harry, Ron und Hermine.

ZAUBERAKTE

JAHR: 2022

SET: 76397: Hogwarts Moment: Verteidigungsunterricht

ZUBEHÖR: Zauberstab, Lupe

VIELEN SCHÜLERN fällt das Fach Verteidigung gegen die Dunklen Künste schwer, aber für Neville ist die Vorführung der drei verbotenen Flüche wegen seiner Erlebnisse besonders traumatisch: Er hat seine Eltern durch den Cruciatus-Fluch verloren.

FLEUR DELACOUR

GAST VON DER BEAUXBATONS-AKADEMIE

DIE TALENTIERTE FLEUR DELACOUR ist eine der besten Schülerinnen der Beauxbatons-Akademie für Zauberei. Die jungen Mädchen aus Frankreich werden von ihrer Schulleiterin Madame Maxime begleitet und kommen als Erste in Hogwarts an.

ZAUBERAKTE

JAHR: 2019

SET: 75958: Kutsche von Beauxbatons: Ankunft in Hogwarts

ZUBEHÖR: Teetasse, Brief

KLEINE SCHWESTER
Gabrielle Delacour begleitet ihre ältere Schwester nach Hogwarts. Sie trägt die gleiche Uniform, aber ihr Gesicht sieht jünger aus und die Beine sind kürzer.

WILLKOMMEN
Die Schülerinnen von Beauxbatons fliegen in einer reich verzierten Kutsche, gezogen von geflügelten, weißen Pferden. Die Kutsche ist elegant und leicht, aber sie schwankt bedenklich.

FLEUR DELACOUR

BEAUXBATONS-CHAMPION

ZAUBERAKTE

JAHR: 2019

SET: 75946: Das Trimagische Turnier: Der ungarische Hornschwanz

ZUBEHÖR: Zauberstab, Kelch

DIE ERSTE AUFGABE
Die vier Teilnehmer des Trimagischen Turniers dürfen sich im Zelt ausruhen und erfrischen. Sie ziehen ein Modell ihrer Drachen aus dem Säckchen. Fleur zieht und überlistet den Walisischen Grünling.

RÄTSELHAFTES EI
Das Ei muss nicht nur erbeutet werden, es enthält auch einen Hinweis auf die nächste Aufgabe. Das goldene LEGO Ei wurde speziell für dieses Set gestaltet.

FLEUR DELACOUR ist entschlossen und mutig. Der Feuerkelch wählt sie aus als Trimagischer Champion für Beauxbatons. In der ersten Aufgabe muss jeder Champion einem Drachen gegenübertreten und ein Ei unversehrt aus seinem Nest holen.

VIKTOR KRUM

DURMSTRANG-CHAMPION

Der zweite Aufdruck zeigt ein Stirnrunzeln.

DER WELTBERÜHMTE bulgarische Sucher Viktor Krum hat im Finale der Quidditch-Weltmeisterschaft den Goldenen Schnatz gefangen. Dabei geht der Sport-Star noch zur Schule! Und zwar in Durmstrang, als dessen Champion er am Trimagischen Turnier teilnimmt.

Doppelköpfiger Adler und Hirschkopf bilden das Symbol von Durmstrang.

HOHE WELLEN
Die Schüler reisen unter Wasser an. Ihr Schiff taucht majestätisch aus dem See bei Hogwarts auf. Ein Mini-Modell ihres herrlichen Segelschiffs gab es im Adventskalender 2020.

ZAUBERAKTE

JAHR: 2019

SET: 75946: Das Trimagische Turnier: Der ungarische Hornschwanz

ZUBEHÖR: Zauberstab

KRUMS TRIUMPH
Im Zelt der Champions überlegt Krum, wie er den Chinesischen Feuerball, der ihn von dem Ei und ewigem Ruhm trennt, durch Zauber blenden und verwirren kann.

CEDRIC DIGGORY

TRIMAGISCHER CHAMPION VON HOGWARTS

DER 17-JÄHRIGE CEDRIC aus dem Haus Hufflepuff wurde vom Feuerkelch als Hogwarts-Champion für das Trimagische Turnier bestimmt. Für die Auserwählten gibt es kein Zurück. Cedric ist aber nicht der einzige Champion, denn der Feuerkelch wirft auch Harrys Namen aus.

Das andere Gesicht blickt sehr finster.

Umhang in Hufflepuff-Farben, obwohl Cedric die ganze Schule vertritt

Der Rücken ist mit „DIGGORY" bedruckt, aber die Kapuze verdeckt die Wortmitte.

LETZTE AUFGABE

Cedrics Minifigur von 2018 trägt seine Hufflepuff-Uniform für die dritte Aufgabe. Cedric erreicht den Trimagischen Pokal – und landet damit direkt bei Voldemort.

ZAUBERAKTE

JAHR: 2019

SET: 75946: Das Trimagische Turnier: Der ungarische Hornschwanz

ZUBEHÖR: Zauberstab

FEURIGER ATEM

Die erste Aufgabe hält für die Champions Flammenschlünde, messerscharfe Klauen und peitschende Drachenschwänze bereit. Cedric meistert sein Duell mit dem Schwedischen Kurzschnäuzler.

HARRY POTTER

UNVERHOFFTER TRIMAGISCHER CHAMPION

HARRYS NAME gelangt auf mysteriöse Weise in den Feuerkelch – und wird für das Trimagische Turnier bestimmt. Er will gar nicht teilnehmen, aber die Wahl des Feuerkelchs ist getroffen und bindend. Zum ersten Mal in der Geschichte des Turniers treten zwei Champions für eine Schule an.

ZAUBERAKTE

JAHR: 2022

SET: 76406: Ungarischer Hornschwanz

ZUBEHÖR: Zauberstab, Besen

UNGARISCHER HORNSCHWANZ

Harry nimmt es mit dem wildesten der vier Drachen auf. Er ruft den Besen herbei und nutzt seine Quidditch-Stärken. Er kann dem Drachen ausweichen und das goldene Ei schnappen.

TRIMAGISCHES TRIO

Zwei weitere Harry-Minifiguren tragen rote und schwarze Turnierkleidung. 2019 trat eine gegen den LEGO Ungarischen Hornschwanz an und eine erlebt Voldemorts Aufstieg.

RITA KIMMKORN

JOURNALISTIN BEIM *TAGESPROPHETEN*

HÜTE DICH vor Reporterin Rita Kimmkorn und ihrer Flotte-Schreibe-Feder! Ritas spitze Worte sind eine wirksame Waffe. Sie verletzt zwar niemanden im wörtlichen Sinn, aber sie verbreitet falsche Informationen und zerstört damit den Ruf vieler Menschen.

ZAUBERAKTE

JAHR: 2023

SET: Buch LEGO® *Harry Potter™ Lexikon der Minifiguren* von DK

ZUBEHÖR: Grüne Flotte-Schreibe-Feder

SENSATIONSLUST

Rita hat stets den nächsten Knüller im Auge und schreibt sehr gern über die jungen, mutigen Trimagischen Champions. Ihre wilden Geschichten lässt sie sich aber nicht von der Wahrheit verderben.

WUSSTEST DU SCHON?

Rita Kimmkorns einzige Minifigur wurde speziell für dieses Buch gefertigt. Sie ist nach Tom Riddle und Percy Weasley die dritte exklusive LEGO Harry Potter Minifigur für DK.

FRED WEASLEY

GEORGES PARTNER BEI JEDEM UNSINN

DIE ERFINDERISCHEN und fantasievollen Zwillinge Fred und George führen immer etwas im Schilde. Ihnen ist jede Gelegenheit recht, um ein paar Galleonen zu verdienen, auch beim Trimagischen Turnier. Sie organisieren Wetten und sind so stets auf der Gewinnerseite.

ZAUBERAKTE

JAHR: 2020

SET: 71028: LEGO Harry Potter Serie 2

ZUBEHÖR: Buchmacher-Aktenkoffer

BUCHMACHER

Freds Aktenkoffer enthält eine Tafel, auf der die Chancen der vier Champions vermerkt sind. Dazu gibt es zwei beschriftete, bunte 1×1 Fliesen für Wetten.

TRIMAGISCHER POKAL

Warum sollten Geld und Ruhm nur dem Gewinner des Trimagischen Pokals winken? Fred und George locken die Leute an, auch zu gewinnen, indem sie darauf wetten, wer den Pokal erringt.

GEORGE WEASLEY

FREDS PARTNER BEI JEDEM UNSINN

GEORGE UND FRED schwören feierlich, dass sie zwei Tunichtgute sind. Ron Weasleys witzige Zwillingsbrüder brüten ständig Unsinn aus. Ihre Streiche und Eskapaden bieten Stoff für Legenden und schon oft hat sich die Karte des Rumtreibers dabei als nützlich erwiesen.

KARTE DES RUMTREIBERS
Die Zauberkarte von James Potter und seinen „Rumtreiber"-Freunden zeigt alle Personen in Hogwarts an. Die Zwillinge nutzten sie oft, schenken sie dann aber Harry.

ZAUBERAKTE

JAHR: 2020

SET: 71028: LEGO Harry Potter Serie 2

ZUBEHÖR: Karte des Rumtreibers

DER FEUERKELCH
Fred und George wollen ihre Namen in den Feuerkelch werfen, obwohl sie noch nicht 17 sind. Ihr Alterungstrank wirkt aber nicht richtig, sondern lässt ihnen nur lange Bärte wachsen.

FLEUR DELACOUR

BALLKÖNIGIN VON BEAUXBATONS

Fleur trägt den Pferdeschwanz auch beim ersten Wettstreit mit dem Drachen.

Silber-Metallic-Druck auf dem ärmellosen Kleid

Geschwungener Rock in Standardgröße, da Fleur mindestens 17 Jahre ist.

ZAUBERAKTE

JAHR: 2019

SET: 75948: Hogwarts Uhrenturm

ZUBEHÖR: Zauberstab

ANKÜNDIGUNG
Diese 2×3 LEGO Fliese ist ein Poster für den Weihnachtsball, bei dem die Band *The Weird Sisters* für die Musik sorgen wird.

WICHTIGE PERSONEN
Die Champions müssen harte Wettstreite bestehen, aber heute Abend sind Fleur, Cedric, Viktor und Harry Ehrengäste. Mit ihren Partnerinnen und Partnern eröffnen sie den Ball.

BEIM GROSSEN WEIHNACHTSBALL verzaubert Fleur in einem silbrig schimmernden Kleid. Das Trimagische Turnier soll internationale Freundschaften und die magische Kooperation fördern, daher ist gepflegt-manierlicher Übermut erlaubt und Tradition.

VIKTOR KRUM

BALLKÖNIG VON DURMSTRANG

ALLE WOLLEN SEHEN, wen der umschwärmte Viktor Krum – das „bulgarische Bonbon" – zum Ball bittet. Die gutaussehende Berühmtheit trägt die rote Ausgehuniform Durmstrangs und erscheint tatsächlich mit Hermine am Arm …

WUSSTEST DU SCHON?

Am Ende des Turniers kehrt Viktor nach Bulgarien zurück. Er gibt Hermine seine Adresse und bittet sie, ihm zu schreiben.

ZAUBERAKTE

JAHR: 2019

SET: 75948: Hogwarts Uhrenturm

ZUBEHÖR: Zauberstab

BLICKFANG

Beim Weihnachtsball dreht sich alles ums Tanzen. Im Set Hogwarts Uhrenturm (75948) gibt es eine drehbare LEGO Tanzfläche mit Scheiben, auf denen sich vier Paare drehen können.

HERMINE GRANGER

VIKTORS TANZPARTNERIN BEIM BALL

WEIHNACHTSSTERN

Hermines Minifigur nimmt nicht nur am Ball teil, sondern erfüllt auch das LEGO Harry Potter Adventskalender Set von 2020 mit festlicher Stimmung.

Silbern bedrucktes Kleid

Mehrfarbige Steine schaffen unterschiedliche Schattierungen wie bei verschiedenen Stoffen.

Rock in Dreiviertellänge aus einem 1×2 LEGO Stein und einer 1×2-Platte

ZAUBERAKTE

JAHR: 2019

SETS: 75948: Hogwarts Uhrenturm; 75981: Harry Potter Adventskalender (2020)

ZUBEHÖR: Zauberstab

IM UNTERRICHT

In ihrem vierten Jahr ist Hermines Gryffindor-Minifigur gewachsen. Sie hat mittellange Beine und eine reifere Frisur ohne Pony. Auch die Locken sind ordentlicher und glatter.

HERMINE IST BERÜHMT für ihre Schockzauber, aber beim Weihnachtsball verzaubert sie alle nur mit ihrem Aussehen. Mit den glänzend frisierten Haaren und dem elegant fallenden, fließenden, rosafarbenen Kleid sieht sie wunderschön aus.

CEDRIC DIGGORY

BALLKÖNIG VON HUFFLEPUFF

AUSGEWÄHLT VOM FEUERKELCH
Beim Weihnachtsball im Set Hogwarts Uhrenturm (75948) steht der Feuerkelch als Symbol für das Trimagische Turnier neben dem Eingang. Seine blaue Flamme steht auf einem goldenen Kelch.

GANZ HUFFLEPUFF ist stolz auf Cedric Diggory, der in seiner schwarzen Zaubererrobe eine tolle Figur macht. Cedric ist nicht nur freundlich, mutig und ehrlich, sondern auch gerecht und ein wirklich treuer Freund.

Auf dem Rücken ist statt eines Kragens eine spitze Kapuze aufgedruckt.

Cedric trägt eine schwarze Fliege, Harry dagegen eine weiße.

Schwarze Beine, länger als Harrys

ZAUBERAKTE

JAHR: 2019

SET: 75948: Hogwarts Uhrenturm

ZUBEHÖR: Zauberstab

WUSSTEST DU SCHON?

Cedric spielt sehr gut Quidditch. Genau wie Harry Potter ist er Sucher, aber in der Hufflepuff-Mannschaft. Außerdem ist er Schulsprecher von Hogwarts.

CHO CHANG

CEDRICS TANZPARTNERIN BEIM BALL

GUT VORBEREITET
Beim Tanzunterricht für den Weihnachtsball werden die Schüler von einem magischen Grammofon begleitet. Beim Ball selbst spielen aber ein Orchester und später die Band *The Weird Sisters*.

ZAUBERAKTE

JAHR: 2020

SET: 75981: Harry Potter Adventskalender (2020)

ZUBEHÖR: Zauberstab

DIE HOGWARTS-SCHÜLERIN Cho Chang hat chinesische Eltern. Sie ist ein Jahr älter als Harry und im Haus Ravenclaw. Er bittet sie leider zu spät zum Weihnachtsball. Da hat sie bereits Cedric Diggorys Einladung angenommen, dem zweiten Hogwarts-Champion im Trimagischen Turnier.

KLEIN UND LÄCHELND
Eine jüngere Cho Chang in den Farben von Ravenclaw erhält mit Harry Unterricht bei Professor Flitwick in Hogwarts Moment: Zauberkunstunterricht (76385).

HARRY POTTER

BALLKÖNIG VON GRYFFINDOR

Zweiter Gesichtsausdruck ist fröhlich.

Modischer Festumhang für Zauberer

Mittellange, bewegliche Beine machen Harry kleiner als die anderen Champions.

IN DER GRINGOTTS-BANK liegen viele Galleonen, deshalb kann sich Harry einen modischen Umhang für den Ball leisten. Dazu trägt er ein ebenso modernes Hemd, eine weiße Fliege und eine schwarze Weste. Seine Minifigur ist sehr elegant.

JUBEL UND TRUBEL
Die LEGO Harry Potter Adventskalender-Sets erfüllen die Tage vor Weihnachten mit viel mehr festlicher Stimmung und Vorfreude, als Harry es je bei den Dursleys erleben durfte.

NEUER BESEN
Das Adventskalender-Set von 2020 enthält einen Feuerblitz, eingewickelt in braunes Papier. Harry erhält ihn von einem geheimnisvollen Wohltäter.

ZAUBERAKTE

JAHR: 2019

SET: 75948: Hogwarts Uhrenturm; 75981: Harry Potter Adventskalender (2020)

ZUBEHÖR: Buch

PARVATI PATIL

HARRYS PARTNERIN BEIM BALL

FRED UND GEORGE sind nicht die einzigen Zwillings-Minifiguren in Hogwarts. Parvati und Padma Patil sind eineiige Zwillinge in Harrys Jahrgang. Sie erscheinen in traumhaften indischen Gewändern zum Weihnachtsball.

Einige Haarsträhnen wurden elegant zusammengefasst.

Stickereien in Silber-Metallic-Druck

Das indische Kleid nennt man Chaniya-choli oder Ghagra-choli.

WENIG GESPRÄCHIG
Parvati freut sich, dass sie den Trimagischen Champion Harry zum Ball begleiten darf, aber der Abend verläuft nicht sehr gut. Ron und Harry kümmern sich kaum um ihre Partnerinnen.

STOLZE GRYFFINDOR
Parvatis zweite Minifigur liest in ihrem Lieblingsunterricht Hogwarts Moment: Wahrsageunterricht (76396) über den Grim nach: Der schwarze Hund ist ein schreckliches Omen.

ZAUBERAKTE

JAHR: 2020

SET: 75981: Harry Potter Adventskalender (2020)

ZUBEHÖR: Zauberstab

PADMA PATIL

RONS PARTNERIN BEIM BALL

ZAUBERAKTE

JAHR: 2020

SET: 75981: Harry Potter Adventskalender (2020)

ZUBEHÖR: Zauberstab

Kopf und Haar-Element sind bei beiden Schwestern gleich.

Die Dupatta ist ein leichter Schal, der um den Oberkörper geschlungen wird.

Der Rock des indischen Kleids wird Chaniya genannt.

SORGE SELBST FÜR DEIN GLÜCK

Andere Ballgäste wie Cho sind viel fröhlicher als Ron. Er schämt sich für seinen alten Festumhang, ist genervt und will einfach nicht mit Padma tanzen.

DIE ARME PADMA geht mit einem schlecht gelaunten Ron zum Weihnachtsball. Ihre Bluse, Choli genannt, ist ebenso hellrosa wie das Kleid ihrer Schwester, und ihre Chaniya und Dupatta sind lachsrosa wie Parvatis Choli. Auch die Stickereien passen zusammen.

WUSSTEST DU SCHON?

Im fünften Jahr stoßen Padma und Parvati zu Harrys Gruppe, die er Dumbledores Armee nennt. Er bringt ihnen bei, sich gegen Voldemort und die Todesser zu verteidigen.

RON WEASLEY

PADMAS TANZPARTNER BEIM BALL

WUSSTEST DU SCHON?

Ron hat gar keine Lust auf den Ball. Ein Mädchen einladen, tanzen lernen und einen grässlichen Umhang tragen – das alles nervt ihn. Zudem sieht er Hermine nicht gern mit Viktor Krum.

SPASSVERDERBER
Ron hat den Tanzunterricht gehasst. Er will einfach nur dasitzen, ganz egal, wie zauberhaft und schön die Musik ist.

BEI MERLINS BART! Was hat Ron denn an? Der Festumhang, den ihm seine Mutter schickt, ist so altmodisch, dass sich Ron vorkommt wie seine Großtante Tessie. Eine Seite des Minifigur-Gesichts lächelt zwar, aber Ron ist auf dem Ball sehr unglücklich.

ZAUBERAKTE

JAHR: 2019

SETS: 75948: Hogwarts Uhrenturm; 75981: Harry Potter Adventskalender (2020)

ZUBEHÖR: Zauberstab

RUBEUS HAGRID

SCHICK GEKLEIDETER WILDHÜTER

ZAUBERAKTE

JAHR: 2019

SET: 75958: Kutsche von Beauxbatons: Ankunft in Hogwarts

ZUBEHÖR: Zwei Verkehrslotsen-Kellen, Teetasse

SELBST HAGRID, sonst oft unordentlich, macht sich schick für den Ball. Unter dem braunen Fransenumhang trägt er ein weißes Hemd und eine gepunktete Krawatte. Der festliche Ball ist mal etwas ganz anderes als sein Alltag auf den Ländereien.

Haar-und-Bart-Element speziell für Hagrids Minifiguren

Zweiter LEGO Druck für das sonderangefertigte große Minifigur-Element

Normal große Armteile an übergroßem Körper

PFERDEFLÜSTERER

Hagrid sieht das Gute in allen Lebewesen und sorgt daher auch gut für alle. Er kümmert sich um die geflügelten, weißen Pferde und gibt ihnen nur das beste Futter. Sie sind nämlich sehr wählerisch.

INTERNATIONALE BEZIEHUNGEN

Der liebe, sanfte Hagrid ist Harrys, Rons und Hermines guter Freund. In Harrys viertem Jahr freundet er sich zudem sehr gut mit Olympe Maxime, der Schulleiterin von Beauxbatons, an.

OLYMPE MAXIME

SCHULLEITERIN VON BEAUXBATONS

Zweites Gesicht ist traurig, als würde sie gleich weinen.

Auch die Rückseiten von Torso und Rock sind mit dem Muster bedruckt.

Geschwungenes Rockteil, drei LEGO Steine hoch

DIE SCHULLEITERIN von Beauxbatons, Olympe Maxime, begleitet ihre Schülerinnen nach Hogwarts. Die Halbriesin ist die größte Harry-Potter-Minifigur. In dem Halbriesen Hagrid findet sie eine verwandte Seele und beide verstehen sich blendend.

IMPOSANTE FRAU
Madame Maximes erste Minifigur ist ebenso groß und gemustert. Im Set Beauxbatons Kutsche: Ankunft in Hogwarts (75958) trägt sie einen Wintermantel mit Pelzkragen.

BESTE BEZIEHUNGEN
Als Vertreter ihrer beiden Schulen leiten Madame Maxime und Dumbledore die Feierlichkeiten beim Weihnachtsball und fördern die magische Zusammenarbeit ihrer Länder.

ZAUBERAKTE

JAHR: 2019

SET: 75948: Hogwarts Uhrenturm

ZUBEHÖR: Keins

FILIUS FLITWICK

CHORLEITER

Weit geöffneter, singender Mund

Ohne Jacke kann Professor Flitwick beim Dirigieren die Arme leichter bewegen.

Abnehmbares Fliegen-Element

ABGESEHEN VON seiner Statur und den buschigen Brauen sieht Professor Flitwicks Minifigur nun anders aus als seine erste, aber er bleibt der fröhliche Lehrer für Zauberkunst. Hier siehst du Professor Flitwick ab Harrys drittem Schuljahr.

ZAUBERAKTE

JAHR: 2019

SET: 75964: Harry Potter Adventskalender (2019)

ZUBEHÖR: Zauberstab

MAESTRO DER MUSIK

Filius Flitwicks zahlreiche Fähigkeiten gehen weit über Zauberkunst und Duelle hinaus: Er leitet das Orchester und wählt die Musik für den Weihnachtsball aus.

LAUT UND DEUTLICH

Der Halbkobold leitet Haus Ravenclaw. 2018 bekam er eine Minifigur, die ein Megafon trägt, um sich beim Ball Gehör zu verschaffen.

VIKTOR KRUM

SCHWIMMER MIT DEM KOPF EINES HAIS

FÜR DIE ZWEITE AUFGABE muss jeder Trimagische Champion unter Wasser atmen können, um das, was ihm sehr wichtig ist, vom Grund des Schwarzen Sees zu holen. Viktor Krum verzaubert dazu seinen Kopf in den eines Hais.

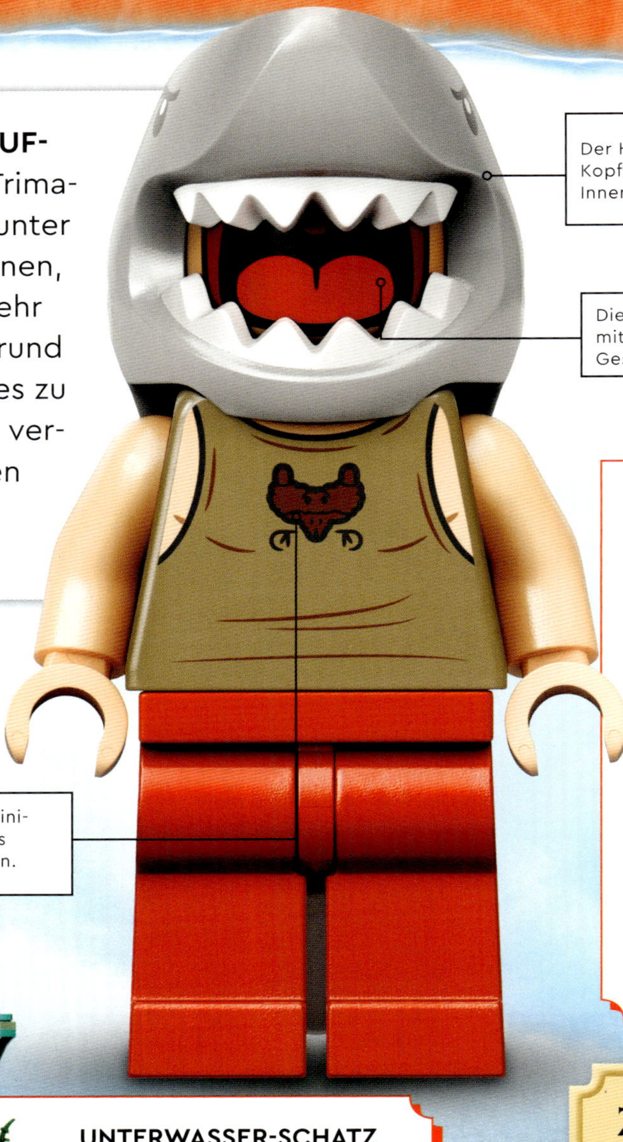

Der Haikopf passt über das Kopfteil der Minifigur, das die Innenansicht des Mauls zeigt.

Die Kopfrückseite ist mit Viktors normalem Gesicht bedruckt.

Jede Viktor-Krum-Minifigur hat ein solches Durmstrang-Wappen.

ZUVERSICHTLICH
Tauscht man den Haikopf gegen das normale Kopf- und Haar-Element, hat Viktor ein selbstbewusstes Lächeln, Bartstoppeln und einen Kinnbart.

UNTERWASSER-SCHATZ
Die Champions retten die Person, die ihnen am meisten bedeutet: Viktor rettet Hermine und Harry rettet Ron. Die Minifiguren schweben im Zauberschlaf im See, gehalten von biegsamen LEGO Elementen.

ZAUBERAKTE

JAHR: 2023

SET: 76420: Trimagisches Turnier: Der Schwarze See

ZUBEHÖR: Zauberstab

HARRY POTTER

SCHWIMMER MIT KIEMEN

Aufgedruckte Kiemen zum Atmen unter Wasser

Zauberstab zur Abwehr der hinterhältigen Grindelohs

Die LEGO Flossen in Harrys Hautfarbe sind verlängerte Füße mit Schwimmhäuten.

ZAUBERAKTE

JAHR: 2023

SET: 76420: Trimagisches Turnier: Der Schwarze See

ZUBEHÖR: Zauberstab, Becher, Schwimmflossen

HARRY KAUT Dianthuskraut, bevor er in den schlammigen Schwarzen See hinabtaucht. Die magische Pflanze lässt ihm Schwimmhäute und Kiemen wachsen. So kann er eine Stunde unter Wasser atmen und schnell und geschickt schwimmen.

EIN WAHRER HELD
Harry kehrt erst nach Ablauf der Zeit zurück, weil er aus Pflichteifer und Mitgefühl keinen der Schlafenden zurücklassen wollte, solange er nicht sicher war, dass sie alle gerettet werden würden.

DIE SEE-MENSCHEN
Eine sandgrüne Minifigur mit goldenen, im Wasser treibenden Haaren bewacht die verzauberten „Gäste“. Ron und Hermine dürfen nur von dem richtigen Trimagischen Champion gerettet werden.

LORD VOLDEMORT

DER DUNKLE LORD IST ZURÜCKGEKEHRT

AM GRAB SEINES VATERS, Tom Riddle Senior, führt Voldemort seinen Plan aus. Mit einem Zaubertrank lässt Peter Pettigrew den Dunklen Lord auferstehen. Harry, den Voldemort auf den Friedhof geholt hat, wird dabei zum unfreiwilligen Helfer.

Kein Wendegesicht, da die Minifigur weder Haare noch Hut hat

Der ernste Ausdruck weicht bei der Figur im Adventskalender 2022 einem gemein grinsenden Gesicht mit herausgestreckter Zunge.

In seinem neuen Körper ist der auferstandene Voldemort äußerst mächtig.

ZAUBERAKTE

JAHR: 2019

SET: 75965: Der Aufstieg von Voldemort

ZUBEHÖR: Zauberstab

SCHWACH, ABER NICHT VERNICHTET

14 Jahre war Voldemort ein schwaches, wimmerndes Wesen. Das LEGO Element wurde 2016 für ein Baby in einem Tragetuch erfunden.

AUFERSTANDEN

Das Grab, über dem sich Harry und Voldemort duellieren, hat ein LEGO Scharnier. Hebt man den Boden, kommt Lord Voldemorts neue Minifigur hervor.

TODESSER

GEFOLGSMANN VON VOLDEMORT

DER DUNKLE LORD ist wieder da und seine Todesser eilen nach Little Hangleton zum Friedhof, um ihm erneut zur Seite zu stehen. Sie kommen, weil sie ihrem Herrn treu ergeben sind – oder vielleicht, weil sie seinen Zorn fürchten, wenn sie nicht erscheinen.

IN GRÖSSTER GEFAHR
Harry Potter ist in der Gewalt der Todesser, aber sie dürfen ihm nichts tun. Voldemort will Harry selbst besiegen, doch er unterschätzt die Macht des jungen Zauberers.

HEILIGTÜMER DES TODES
Dies könnte das Grab von Ignotus Peverell in Godric's Hollow sein, da es das Zeichen der Heiligtümer des Todes trägt. Es heißt, diese drei Dinge könnten den Tod überwinden.

ZAUBERAKTE

JAHR: 2019
SET: 75965: Der Aufstieg von Voldemort
ZUBEHÖR: Zauberstab

KAPITEL FÜNF

HARRY POTTER UND DER ORDEN DES PHÖNIX™

VOR HARRYS FÜNFTEM JAHR in Hogwarts wird er zum Grimmauldplatz 12 geholt, wo er alles über den Orden des Phönix erfährt. Es ist eine Geheimgesellschaft gegen Voldemort. Mr. und Mrs. Weasley, Dumbledore, Shacklebolt, Tonks und Lupin gehören dazu – und Sirius Black.

SIRIUS BLACK

HARRYS PATE

Zorniges Stirnrunzeln, da er nicht aus dem Haus gehen kann

SIRIUS MUSS sich vor dem Ministerium verstecken, aber im Grimmauldplatz 12 ist es wenigstens gemütlich. Er stellt das Haus seiner Familie dem Phönixorden zur Verfügung. Die Geheimgesellschaft will Voldemort besiegen und Sirius ärgert sich, dass er nicht mehr tun kann.

ZAUBERAKTE

JAHR: 2022

SET: 76408: Grimmauldplatz 12

ZUBEHÖR: Zauberstab

Keine Gefängniskleidung mehr, sondern schicke, saubere Sachen

Torso und Beine sind mit dem eleganten Nadelstreifenjackett in olivgrünem Samt bedruckt.

DAS EHRENWERTE HAUS BLACK

Sirius stammt aus einer alten Zaubererfamilie, deren Stammbaum die Tapete ziert. Aber seine Verwandten verherrlichten die „Reinblütigkeit" und sie tilgten seinen Namen aus ihrem Stammbaum.

TATZE

Als Animagus kann sich Sirius in einen zotteligen, schwarzen Hund verwandeln. So sieht man ihn im Set Heulende Hütte und Peitschende Weide (76407).

NYMPHADORA TONKS

AURORIN

„TONKS", wie Nymphadora gern genannt wird, steht loyal zum Orden des Phönix. Nach Hogwarts trat sie ins Zaubereiministerium ein und wurde Aurorin. Ihre Fähigkeiten bei der Jagd nach Dunklen Zauberern sind für den Orden sehr nützlich.

VERZWEIFELT
Tonks ist zwar meist fröhlich und redet viel, aber wenn sie unglücklich ist, kann sie ihr Aussehen nicht mehr so leicht verändern. Dann wird ihr Haar mausbraun, wie beim Angriff auf den Fuchsbau (75980).

ZAUBERAKTE

JAHR: 2022
SET: 76408: Grimmauldplatz 12
ZUBEHÖR: Komet-260-Besen, Zauberstab

GESTALTWANDLERIN
Beim Essen amüsiert Tonks alle mit ihrer seltenen Gabe. Als Metamorphmagus kann sie ihr Aussehen verändern – zum Beispiel, indem sie ihr Gesicht mit einer Schweineschnauze verschönert.

KINGSLEY SHACKLEBOLT

ERFAHRENER AUROR

ALS MÄCHTIGER AUROR arbeitet Kingsley Shacklebolt für das Ministerium, gehört aber insgeheim zum Orden des Phönix. Er behindert die Behörde bei der Suche nach Sirius Black und liefert dem Orden nützliche Informationen.

SINFONIE IN BLAU
Shacklebolts erste Minifigur von 2018 trägt eine bedruckte Kappe und ein abnehmbares Stoff-Element, das seine bunte Kleidung verziert.

RETTUNGSDIENST
Als Mitglied des Ordens geht Shacklebolt im Haus Grimmauldplatz 12 ein und aus. Er gehört auch zu der Gruppe, die Harry im Sommer vor der fünften Klasse dorthin begleitet.

ZAUBERAKTE

JAHR: 2022
SET: 76408: Grimmauldplatz 12
ZUBEHÖR: Zauberstab, Besen

RON WEASLEY

FÜNFTKLÄSSLER IM HAUS GRYFFINDOR

WUSSTEST DU SCHON?

Grimmauldplatz 12 ist ein Reihenhaus in London, magisch zwischen zwei Muggelhäusern versteckt. Es ist durch einen Fidelius-Zauber vor Entdeckung geschützt und das perfekte Hauptquartier für den Orden.

ZAUBERAKTE

JAHR: 2022

SET: 76408: Grimmauldplatz 12

ZUBEHÖR: Zauberstab

BÖSE SCHMIEREREIEN
Während Ron und Molly das düstere Haus putzen, zieht der *Tagesprophet* ständig Dumbledores und Harrys Namen in den Schmutz, um Gerüchte über Voldemorts Rückkehr zu zerstreuen.

RON VERBRINGT seine Sommerferien im Grimmauldplatz 12. Er will dem Orden des Phönix beitreten, aber weil er noch so jung ist, erlaubt es seine Mutter nicht. Deshalb muss er die Gespräche des Ordens mit Fred und Georges Langziehohren belauschen.

KREACHER

FEHLGELEITETER HAUSELF

HAUSHALTSHILFE
Die beiden LEGO® Häuser gleiten auseinander und enthüllen das Haus der Blacks: Grimmauldplatz 12. Kreacher war ein stolzer Hauself, bis Sirius kam und lauter „Abschaum" mitbrachte.

FAMILIENBESITZ
Die Blacks zeigten ein ungesundes Interesse an den Dunklen Künsten und sammelten gefährliche und schaurige Dinge wie diesen Minifigur-Schädel unter der Glashaube. Kreacher bewahrt sie alle auf.

KREACHER war der grausamen Familie Black zutiefst ergeben. Er diente ihr treu, aber Sirius mochte er nie. Der mürrische Hauself tut so wenig für seinen neuen Herrn, wie es die magischen Bindungen erlauben – und schimpft dabei vor sich hin.

ZAUBERAKTE

JAHR: 2022
SET: 76408: Grimmauldplatz 12
ZUBEHÖR: Schwarzer Regenschirm

DOLORES UMBRIDGE

UNRUHESTIFTERIN AUS DEM MINISTERIUM

ZAUBERAKTE

JAHR: 2020

SET: 75967: Der Verbotene Wald: Begegnung mit Umbridge

ZUBEHÖR: Zauberstab

LASS DICH NICHT von den rosa Kleidern und dem Lächeln täuschen: Umbridge ist eine grausame, hinterhältige Hexe, die das Zaubereiministerium als Lehrerin für Verteidigung gegen die Dunklen Künste schickt. Sie hat jedoch andere, große Pläne.

PINK VON KOPF BIS FUSS
Alle Umbridge-Minifiguren tragen pinkfarbene Kleidung, Schmuck und Schal haben Katzenmotive. Die erste trägt eine Tasse mit Veritaserum (Wahrheitstrank), denn damit horcht sie die Schüler aus.

RIESIGER RETTER
Hagrids tapsiger Halbbruder Grawp ist ein echter Riese. Er kommt Harry und Hermine zu Hilfe, als sie Umbridge in den Verbotenen Wald locken.

HARRY POTTER

VERTEIDIGER GEGEN DIE DUNKLEN KÜNSTE

HARRY WEISS, dass Voldemort zurück ist, doch das Ministerium will es nicht wahrhaben und greift in den Schulunterricht ein. Harry und seine Freunde finden: Wenn ihnen niemand beibringt, sich zu verteidigen, muss Harry es eben selbst tun.

Harrys Haare sind im fünften Schuljahr kürzer geschnitten.

So sind die Gesichter von Harrys Minifiguren ab dem dritten Schuljahr bedruckt.

Nur diese Minifigur trägt eine offene Gryffindor-Strickjacke.

ZAUBERAKTE

JAHR: 2022

SET: 75966: Raum der Wünsche auf Schloss Hogwarts

ZUBEHÖR: Zauberstab

MODE DER 5. KLASSE
Die Minifigur-Varianten von Harry im fünften Jahr haben Gryffindor-Torsos mit grauem V-Ausschnitt-Pulli und mit schwarzem, geschlossenem Umhang.

STRAHLENDER ERFOLG
Ein gestaltlicher Patronus ist sehr fortgeschrittene Zauberei. Unter Harrys Anleitung gelingt er aber den meisten seiner Freunde.

HERMINE GRANGER

GRÜNDERIN VON DUMBLEDORES ARMEE

Braune Version des Haar-Elements von Padma und Parvati Patil und Cho Chang

Hermines Gesicht drückt aus, dass sie es tatsächlich etwas aufregend findet, die Schulregeln zu brechen.

DIE KLUGE HERMINE findet, dass alle Schüler von Harrys Erfahrung in der Verteidigung gegen die Dunklen Künste profitieren können. Dank ihr wird die Gruppe aktiv. Sie nennen sich Dumbledores Armee (DA), obwohl dieser gar nichts von ihnen weiß.

ZAUBERAKTE

JAHR: 2020

SET: 75966: Raum der Wünsche auf Schloss Hogwarts

ZUBEHÖR: Zauberstab

MAGISCHER SCHILD
Der klugen Hermine gelingt der Zauber sehr schnell. Ihr Patronus ist ein Seeotter. Das hellblau-transparente LEGO® Element hat die schimmernde Form ihres magischen Beschützers.

Die zugeknöpfte Hogwarts-Strickjacke trägt nur diese Hermine-Minifigur.

GEHEIMER RAUM
Die DA braucht einen Ort zum Üben und der magische Raum der Wünsche kommt ihnen zu Hilfe. Er erscheint nur, wenn jemand ihn braucht – fast so, als ob Hogwarts wollte, dass sie sich zur Wehr setzen!

TODESSER-PUPPE

ZIELSCHEIBE FÜR DIE ÜBUNGEN

DER RAUM der Wünsche gibt den Schülern, was sie brauchen – sogar eine Holzpuppe, an der sie ihre Zaubersprüche zur Verteidigung üben können. Die Magie des Raums weiß genau, womit es die DA zu tun hat. Daher erschafft sie eine Puppe, die aussieht wie ein echter Todesser.

DA-PINWAND
Der Raum bietet auch eine Anschlagtafel, an der die DA wichtige Dinge wie Fotos von Cedric und dem ersten Orden des Phönix aufhängen kann, der vor 15 Jahren gegen Voldemort antrat.

BESTENS GEEIGNET
Die Puppe auf Rädern kann viel einstecken, wie *Expelliarmus!* zur Entwaffnung oder den Schockzauber *Stupor!* Selbst den Patronus-Zauber gegen Dementoren hält sie aus.

ZAUBERAKTE

JAHR: 2020

SET: 75966: Raum der Wünsche auf Schloss Hogwarts

ZUBEHÖR: Keins

HANNAH ABBOTT

HUFFLEPUFF-MITGLIED IN DUMBLEDORES ARMEE

ZAUBERAKTE

JAHR: 2020

SET: 40419: Die Schüler von Hogwarts Zubehörset

ZUBEHÖR: Zauberstab, Lampe

Das gleiche Haar-Element hat auch Luna Lovegoods Minifigur als Alternative zur Löwenkapuze.

Den gelb-schwarzen Torso hatte erstmals 2018 die Hufflepuff-Schülerin Susan Bones.

HANNAH ABBOTT ist Hufflepuff-Vertrauensschülerin in der fünften Klasse und macht in Dumbledores Armee mit. Sogar sie findet es richtig, Professor Umbridges strenge Regeln zu brechen und sich ihren grausamen, ungerechten Methoden zu widersetzen.

SICHERE ZUFLUCHT
Die zweite Hannah-Minifigur von 2023 trägt einen gelb gesäumten Umhang. Im geselligen Hufflepuff-Gemeinschaftsraum sitzt sie mit offenen Haaren bei Cedric Diggory und Susan Bones.

SCHIEBEWÄNDE
Als DA-Mitglied nimmt Hannah Unterricht bei Harry im Raum der Wünsche. Das LEGO Modell hat eine Schiebewand vor der Tür, da der geheime Raum meistens verborgen ist.

LUNA LOVEGOOD

RAVENCLAW-MITGLIED IN DUMBLEDORES ARMEE

LUNA FOLGT NIE der Menge, aber Dumbledores Armee tritt sie sofort bei. Einige ihrer seltsamen Ansichten hat sie womöglich aus der esoterischen Zeitschrift *Der Klitterer*. Manchmal sieht man sie, wie sie die Zeitung verkehrt herum in der Hand hält.

ZAUBERAKTE

JAHR: 2022

SET: 76400: Hogwarts Kutsche mit Thestralen

ZUBEHÖR: Futter für Thestrale, Umhängetasche, Zauberstab, Zeitschrift *Klitterer*

EINZELGÄNGER
Wie Harry kann auch Luna die sanften, aber ein wenig unheimlichen Thestrale sehen, die die Hogwarts-Kutschen ziehen. Für Leute, die den Tod nicht gesehen haben, bleiben sie unsichtbar.

VORSICHT, NARGEL!
Luna trägt eine Halskette mit Butterbierkorken. Sie glaubt, dass sie sie vor den geheimnisvollen Nargeln beschützt. Vielleicht trägt ihre jüngere Minifigur die Kette unter dem Umhang.

CHO CHANG

RAVENCLAW-MITGLIED IN DUMBLEDORES ARMEE

CHO CHANG MELDET SICH für Dumbledores Armee. Sie stand Cedric sehr nahe, trauert um ihn und weiß, dass es wichtig ist, sich zu verteidigen. Ein Grund ist wohl auch, dass der Trainer ein gewisser Harry Potter ist.

WEIHNACHTSKUSS
Beim letzten DA-Kurs vor den Ferien kommt es zu einer besonderen Begegnung zwischen Cho und Harry unter einem Mistelzweig. Der mitfühlende Raum der Wünsche erkennt auch diesen Wunsch sofort.

ZAUBERAKTE

JAHR: 2020

SET: 40419: Die Schüler von Hogwarts Zubehörset

ZUBEHÖR: Zauberstab, Buch

ZU ZWEIT
2018 hatte Cho den ersten LEGO Ravenclaw-Torso und einen abnehmbaren Rock. 2021 hat sie die gleiche Frisur, aber ein neu bedrucktes Gesicht und kürzere Beine.

MICHAEL CORNER

BELIEBTER RAVENCLAW-SCHÜLER

MICHAEL CORNER, die erste männliche Minifigur mit Ravenclaw-Uniform, kam gleichzeitig mit Harry nach Hogwarts. Er glaubt den Gerüchten, dass Voldemort zurück ist, und schließt sich Dumbledores Armee an.

ZAUBERAKTE

JAHR: 2023

SET: 76411: Hausbanner Ravenclaw™, 2023

ZUBEHÖR: Zauberstab

WUSSTEST DU SCHON?

In seiner Schulzeit in Hogwarts ist Michael sehr gut mit Ginny Weasley und Cho Chang befreundet.

GEMEINSAME WERTE

In Michaels Haus Ravenclaw wird vor allem auf Wissen und Intelligenz Wert gelegt. Wer den Gemeinschaftsraum betreten will, braucht kein Passwort, sondern muss ein Rätsel lösen.

ZENTAUR

REINBLÜTIGE ART, HALB MENSCH, HALB PFERD

ZENTAUREN sind stolze, edle Wesen mit dem Oberkörper eines Menschen und dem Körper eines Pferds. Dass das Ministerium sie nur als Wesen mit „beinahe menschlicher Intelligenz" betrachtet, fördert die schwierigen, von Vorurteilen geprägten Beziehungen nicht.

WUSSTEST DU SCHON?

Viele Hexen und Zauberer blicken auf Zentauren herab, aber sie sind kultiviert und sehr gute Bogenschützen, Heiler, Astronomen und Wahrsager. Sie lesen die Zukunft aus den Bewegungen der Sterne und Planeten.

EINKLANG MIT DER NATUR
Zentauren lehnen die Gesellschaft der Zauberer ab. Sie bleiben lieber unter sich und helfen Menschen nicht gern. Sie leben nach ihren eigenen Vorstellungen und sind eng verbunden mit der Natur.

ZAUBERAKTE

JAHR: 2020

SET: 75967: Der Verbotene Wald: Begegnung mit Umbridge

ZUBEHÖR: Pfeile und Bogen, Köcher

HERMINE GRANGER

GRAWPS BESTE FREUNDIN

ZAUBERAKTE

JAHR: 2020

SET: 75967: Der Verbotene Wald: Begegnung mit Umbridge

ZUBEHÖR: Zauberstab, Fahrradklingel

Die andere Seite des Gesichts guckt wütend und streng.

Ab dem dritten Jahr erscheinen Sommersprossen im Gesicht.

Der graue, gestreifte Muggel-Pulli trägt die Farben dreier Häuser, nur das Grün für Slytherin fehlt.

UNSANFTER RIESE

Grawp meint es gut, aber er kann seine Kraft nicht einschätzen. Als Zeichen seiner Zuneigung gibt er Hermine einen Fahrradlenker mit Klingel in die Hand und versucht so, mit ihr Kontakt zu knüpfen.

WUSSTEST DU SCHON?

Als Hagrid erfährt, dass er einen Halbbruder hat, will er ihm helfen, obwohl Grawp ein wilder Riese ist. Da er sein einziger Verwandter ist, bringt Hagrid ihn in den Verbotenen Wald.

DIE ERFINDERISCHE HERMINE führt Umbridge in die Irre, als die DA entdeckt wird. Sie lockt sie in den Verbotenen Wald, in dem wilde Kreaturen leben. Ein Wesen meint es zwar nicht böse, ist aber dennoch gefährlich: Hagrids Halbbruder, der Riese Grawp.

HARRY POTTER

OHNE SCHULUNIFORM

Dieses kürzere Haar-Element haben Harrys Minifiguren ab dem fünften Jahr.

Wenn man den Kopf wendet, runzelt Harry die Stirn.

Durch die Strafarbeit bei Professor Umbridge wird die Hand verletzt.

ZAUBERAKTE

JAHR: 2020

SETS: 75967: Der Verbotene Wald: Begegnung mit Umbridge; 75980: Angriff auf den Fuchsbau

ZUBEHÖR: Zauberstab

ÄLTER GEWORDEN

Bei der Ankunft im Grimmauldplatz 12 (76408) hat Harry den Torso von zwei seiner Minifiguren im dritten Jahr mit blauer Jacke, aber die Beine sind nun länger und das Haar kürzer.

GROSSE BITTE

Hagrid bittet Harry und Hermine, sich um seinen Halbbruder Grawp zu kümmern. Der Riese besorgt sich sein Essen selbst, aber er braucht freundliche Gesellschaft.

AUSSERHALB DES UNTERRICHTS trägt Harry gern lässige Kleidung. In diesem Outfit wagt sich die Minifigur in den Verbotenen Wald und besucht in den Weihnachtsferien den Fuchsbau. Doch das Fest findet ein jähes Ende, als die Todesser angreifen.

KAPITEL SECHS

HARRY POTTER UND DER HALBBLUTPRINZ™

Ron Weasley und Lavender Brown

HARRYS SECHSTES JAHR bringt Spaß und Fröhlichkeit, aber auch viel Schulstoff. Harry spielt erfolgreich Quidditch und mixt einen tollen Zaubertrank. Dumbledore erzählt ihm wichtige Dinge über Voldemorts Leben. Doch die dunklen Kräfte werden immer stärker und selbst Hogwarts ist nicht mehr sicher.

ALBUS DUMBLEDORE

HARRYS MENTOR

DUMBLEDORES AUFGABE als Schulleiter von Hogwarts ist mit Voldemorts Rückkehr nicht leichter geworden. Dunkle Zeiten stehen bevor, sogar – oder besonders – für so einen mächtigen Zauberer wie ihn.

Die flache Mütze mit Quaste war 2018 ein neues Element.

Diese Dumbledore-Minifigur hat erstmals eine silberne – keine goldene – halbmondförmige Brille.

Das Denkarium ist eine LEGO Schüssel, bedruckt mit speziellem Wirbel.

ZAUBERAKTE

JAHR: 2018

SET: 71022: LEGO® Harry Potter™ und Phantastische Tierwesen

ZUBEHÖR: Denkarium, Zauberstab

FRÜHERE EREIGNISSE
Wenn du deine Erinnerungen in einem Denkarium aufbewahrst, kannst du sie jederzeit herbeirufen! Dumbledore zeigt Harry Erinnerungen an Tom Riddle, damit Harry ihn später besiegen kann.

GRYFFINDORS SCHWERT
Dumbledore bewahrt in seinem Büro Gryffindors Schwert auf. Es ist mit einer Flüssigkeit getränkt, die Horkruxe vernichtet: magische Gegenstände, die Teile von Voldemorts Seele enthalten.

HORACE SLUGHORN

SLYTHERIN-HAUSLEHRER UND ZAUBERTRANK-LEHRER

Haar- und Kopf-Element gehören zu beiden Slughorn-Minifiguren.

DER FREUNDLICHE, aber auch eitle Horace Slughorn umgibt sich mit den besten, berühmtesten und mächtigsten Zauberern und Hexen und sammelt sie wie Trophäen. Er kehrt in Harrys sechstem Schuljahr aus dem Ruhestand an die Schule zurück.

ENG VERBUNDEN
Professor Slughorns behäbiger Körper steckte bei der Minifigur von 2018 in einem Tweed-Umhang. Sein Alltagsanzug ist mit verschnörkelten Mustern bedruckt und hat sogar eine Uhrenkette.

Quasten zieren den Festumhang aus Tweed und Samt.

Professor Slughorns festliche Weste ist kunstvoller verziert als seine Alltagsweste.

ZAUBERAKTE

JAHR: 2020

SET: 75969: Astronomieturm auf Schloss Hogwarts

ZUBEHÖR: Zaubertränke-Buch, Weinglas, Schere

AUSGESESSEN
Slughorn ist auf der Flucht vor den Todessern. Wenn Besucher klopfen, tarnt er sich als gut gepolsterter Armsessel. Doch Dumbledore lässt sich nicht täuschen und zaubert seinen Kopf hervor.

FRED WEASLEY

VON WEASLEYS ZAUBERHAFTEN ZAUBERSCHERZEN

ZAUBERAKTE

JAHR: 2020

SET: 75978: Winkelgasse

ZUBEHÖR: Keins

FRED UND GEORGE sind leidenschaftliche Unruhestifter und verdienen jetzt damit sogar Geld. Die Galleonen purzeln nur so in ihren neuen Laden mit zauberhaften Zauberscherzen. Aus den gewitzten Zwillingen sind gute Geschäftsmänner geworden.

MAGISCHES CHAOS

Alles an Weasleys Zauberhaften Zauberscherzen ist auffällig, auch das farbenprächtige Gebäude. Ein beweglicher Arm zieht den Hut von der großen Figur, die aus dem Fenster ragt.

IM PRIVATLEBEN

Fred und George Weasley hecken ständig Streiche aus, aber wenn sie im Grimmauldplatz 12 (76408), entspannen, tragen sie lässige – immer ähnliche – Hemden und Hosen.

GEORGE WEASLEY

VON WEASLEYS ZAUBERHAFTEN ZAUBERSCHERZEN

NACHDEM SIE DER SCHULE den Rücken gekehrt haben, geht es George und Fred prächtig. Ihr Sortiment zeigt bemerkenswertes Talent, Geschäftstüchtigkeit und spitzbübischen Humor. In diesen dunklen Zeiten braucht man etwas zum Lachen.

IM DOPPELPACK
Fred und Georges Minifiguren von 2022 sind identisch, außer bei den Kopf-Elementen. Diese teilen sie dafür mit zwei weiteren Minifiguren ihrer Person.

ZAUBERAKTE

JAHR: 2020
SET: 75978: Winkelgasse
ZUBEHÖR: Keins

SCHABERNACK FÜR ALLE
Der Scherzartikelladen steckt voller magischer Herrlichkeiten, von falschen Zauberstäben bis Liebestränken. Zu den Nasch- und Schwänzleckereien gehören Kollapskekse, Nasenblutnugat und Kotzpastillen.

LUNA LOVEGOOD

AUSSERGEWÖHNLICHE RAVENCLAW-SCHÜLERIN

LUNA TICKT ANDERS. Sie hat oft ungewöhnliche Ansichten und einen sehr eigenen Stil. Sie behauptet, mit der Gespensterbrille könne man Schlickschlumpfe sehen, die sich in den Ohren tummeln und einen wuschig im Gehirn machen.

Die bunte Gespensterbrille ist eine Gratisbeilage der Zeitschrift *Klitterer*.

Der Stoffrock wird bei der Minifigur von 2022 durch einen passenden Druck ersetzt.

Leuchtend blaue Strümpfe sind typisch für Lunas eigenen Stil.

FRISCH AUS DER PRESSE
Luna hat eine bedruckte Fliese der Zeitschrift ihres exzentrischen Vaters dabei. Die meisten Zauberer und Hexen halten den *Klitterer* für ziemlichen Unsinn.

LÖWENHERZ
Luna ist zwar eine Ravenclaw, aber beim Quidditch-Spiel gegen Slytherin feuert sie die Gryffindor-Mannschaft an. Dafür trägt sie sogar einen kunstvollen Löwenhut!

ZAUBERAKTE

JAHR: 2018

SET: 71022: LEGO® Harry Potter™ und Phantastische Tierwesen

ZUBEHÖR: Zeitschrift *Klitterer*, Umhänge-tasche

HARRY POTTER

UNTERWEGS IN DUMBLEDORES AUFTRAG

BEIM ERSTEN Besuch in Hogsmeade im sechsten Jahr tragen Harry und seine Freunde Freizeitkleidung. In den Drei Besen trinken sie einen Krug Butterbier. Harry gibt sich nach außen zwar entspannt, erfüllt aber einen Auftrag für Dumbledore.

Die zweite Miene zeigt einen verängstigt wirkenden Harry.

Die Beine sind seitlich mit Jeansnähten bedruckt.

Auch die sehr ähnliche Harry-Minifigur von 2022 trägt die graue Reißverschlussjacke zum weißen T-Shirt und Jeans.

ZAUBERAKTE

JAHR: 2020

SET: 71028: LEGO Harry Potter Serie 2

ZUBEHÖR: Buch *Zaubertränke für Fortgeschrittene* mit Fliese über den Zauberspruch „Sectumsempra", Zauberstab

HINTERGEDANKEN

Während Harry, Ron und Hermine Butterbier trinken, verwickelt Harry Slughorn auf Dumbledores Bitte in ein Gespräch und lässt sich von dem eitlen Professor „sammeln".

WUSSTEST DU SCHON?

Professor Slughorn kennt ein Geheimnis, das für Dumbledores Pläne gegen Voldemort wichtig ist. Harry soll es ihm entlocken. Da das aber für den Zaubertränke-Lehrer sehr peinlich ist, gibt er es nicht freiwillig preis.

HERMINE GRANGER

GAST IN DEN DREI BESEN

Bedrucktes Butterbier-Zubehörelement gibt es seit 2020 für Hermine- und Ron-Minifiguren.

Mit Wasserfall-ausschnitt bedruckter Pulli

Mehrfarbig gegossene Beine mit Jeans, Stulpensocken und Schneestiefeln

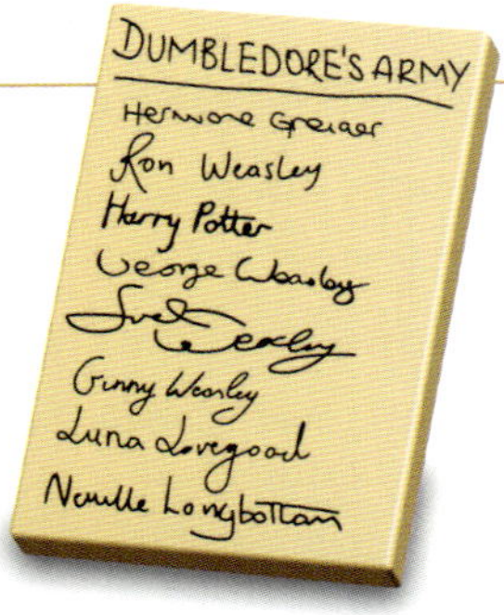

BITTE EINTRAGEN
In Hogsmeade wird auf Hermines Idee hin Dumbledores Armee gegründet. Ihre Liste mit den Unterschriften der Mitglieder ist im Zubehörset der Schüler von Hogwarts (40419) enthalten.

WUSSTEST DU SCHON?

Bisher gibt es zwei Sammler-Sets von 2018 und 2020 mit Minifiguren der LEGO Harry Potter Themenwelt. Sie enthalten je 16 Minifiguren mit Zubehörelementen aus allen Filmen.

HERMINE UND RON in den Drei Besen sind gemeinsam mit Harry in der zweiten Minifiguren Serie enthalten. Sie halten je einen Krug schäumendes Butterbier. Die Figuren feiern den Ausflug durch die Winterlandschaft nach Hogsmeade im sechsten Jahr.

ZAUBERAKTE

JAHR: 2020

SET: 71028: LEGO Harry Potter Serie 2

ZUBEHÖR: Butterbier, Zauberstab

RON WEASLEY

LAVENDERS FESTER FREUND

Das zweite Gesicht sieht genervt aus.

Der lange Pony ist zur Seite geworfen – 2020 ein neuer Stil für Ron in seinem fünften Jahr.

ZAUBERAKTE

JAHR: 2020

SET: 75969: Astronomieturm auf Schloss Hogwarts

ZUBEHÖR: Kelch

ALS RON IRRTÜMLICH glaubt, Harry habe ihm den Glückstrank Felix Felicis gegeben, hat er einen tollen Tag. Beim Quidditch erzielt er ein brillantes Tor gegen Slytherin, er wird als Held gefeiert und bekommt eine Freundin – Lavender Brown.

Einzigartiger Torso mit dem türkis gemusterten Hemd, das Ron beim ersten Kuss mit Lavender trägt

GEFAHR IM ANZUG
Ron trägt im sechsten Jahr in den Drei Besen und an Weihnachten zu Hause lässige Freizeitkleidung. Beide Ereignisse enden mit einem Angriff Dunkler Hexen und Zauberer.

FRISCH VERLIEBT
Auch wenn Ron keine Einladung zu Professor Slughorns Partys bekommt, schwärmt Lavender so sehr für ihn, als hätte sie den Liebestrank Amortentia getrunken. Sie findet Ron fantastisch.

LAVENDER BROWN

RONS FESTE FREUNDIN

Haar-Element mit winzigem Loch für pinkfarbene Schleife am Hinterkopf

Gedruckte Herzen auf dem Torso passen zu Lavenders romantischem Wesen.

Violettes Hosenteil wie bei Stan Shunpike, dem Schaffner des Fahrenden Ritters

IN DIESEM JAHR liegt Liebe in der Luft im Gemeinschaftsraum der Gryffindors. Lavender Brown verliebt sich leidenschaftlich in Ron Weasley. Die beiden werden ein Paar, aber die Beziehung endet noch während des Schuljahrs.

ZAUBERAKTE

JAHR: 2020

SET: 75969: Astronomieturm auf Schloss Hogwarts

ZUBEHÖR: Kelch

WUSSTEST DU SCHON?

Lavender trägt eine lange Kette mit zwei Anhängern. An Weihnachten schenkt sie auch Ron eine kitschige, sentimentale Goldkette, die ihm sehr peinlich ist.

HERZEN IM ZUG

Auf der weihnachtlichen Heimfahrt im Hogwarts-Express hat Lavender nur eins im Kopf: ihren „Won-Won". Sie malt ihre Initialen in ein Herz an die Fenster des Abteils.

HARRY POTTER

SLUGHORNS MUSTERSCHÜLER

Kopf-Aufdruck wurde erstmals 2019 für Drittklässler-Sets eingeführt.

Dunkelrotes Hemd und Krawatte für die Weihnachtsparty im Slug-Klub

Langer, schwarzer Festumhang für besondere Anlässe

HARRY IST ALLES, was für Professor Slughorn wichtig ist – begabt, berühmt und mächtig. Die Aussicht, sein Lehrer zu werden, lockt Slughorn nach Hogwarts und er lädt Harry in den exklusiven „Slug-Klub“ ein, dessen Mitglieder er für vielversprechend hält.

FELIX FELICIS
Harry verdient sich bei Professor Slughorn einen Flakon Felix Felicis – „flüssiges Glück“ – weil er in dessen Unterricht den besten Trank der lebenden Toten braut.

ZAUBERAKTE

JAHR: 2020

SET: 75969: Astronomieturm auf Schloss Hogwarts

ZUBEHÖR: Zauberstab

GLÜCKLICHE FÜGUNG
Auf der Suche nach Slughorn wird Harry vom Glück begünstigt. Er trifft ihn zufällig im Gewächshaus, wo der Zaubertranklehrer Tentacula-Blätter stibitzt.

LUNA LOVEGOOD

HARRYS BEGLEITUNG

DIE VERTRÄUMTE LUNA fällt Professor Slughorn zunächst nicht auf, daher lädt er sie nicht in seinen inneren Kreis ein. In Begleitung von Harry kommt sie dennoch zur Weihnachtsparty des „Slug-Klubs". Luna ist es nicht gewöhnt, mit Freunden auf Partys zu gehen.

Fünf Luna-Minifiguren haben ein Element mit langem blonden Haar.

Gerüschte Stofflagen geben ihr die Form eines Weihnachtsbaums.

Mehrfarbig gegossene Beine mit schwarzen Strümpfen und Schuhen

ZAUBERAKTE

JAHR: 2020

SET: 75969: Astronomieturm auf Schloss Hogwarts

ZUBEHÖR: Zaubertrankflakon

BETTLEKTÜRE
Auf halber Höhe des Astronomieturms auf Schloss Hogwarts (75969) liest Luna im Schlafsaal von Haus Ravenclaw eine alte Ausgabe des *Tagespropheten*.

SCHUTZZAUBER
Jeder Mensch zaubert einen einzigartigen Patronus in Tierform hervor. Lunas Patronus ist ein Hase. In den DA-Treffen lehrt Harry sie, wie man ihn zu Hilfe ruft.

HERMINE GRANGER

MITGLIED IM SLUG-KLUB

Das Haar-Element trägt erstmals eine Hermine-Minifigur im Raum der Wünsche.

Die andere Miene ist wütend – vielleicht wegen des Halbblutprinzen.

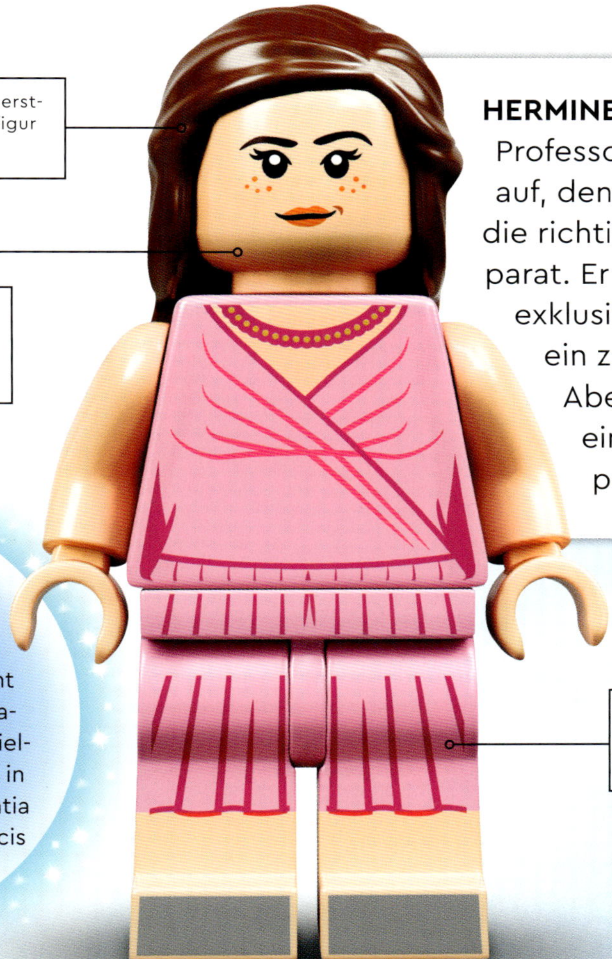

HERMINES KLUGHEIT fällt Professor Slughorn sofort auf, denn sie hat immer die richtige Antwort parat. Er lädt sie in seinen exklusiven „Slug-Klub" ein zu regelmäßigen Abendessen und einer Weihnachtsparty.

Rosafarbenes Cocktailkleid für die Weihnachtsparty

WUSSTEST DU SCHON?

In der ersten Stunde bei Professor Slughorn erkennt Hermine vier Tränke: Veritaserum (Wahrheitsserum), Vielsafttrank (zur Verwandlung in andere Personen), Amortentia (Liebestrank) und Felix Felicis („flüssiges Glück").

ZAUBERAKTE

JAHR: 2020

SET: 75969: Astronomieturm auf Schloss Hogwarts

ZUBEHÖR: Zauberstab

PARTYS UND TRÄNKE
Im Astronomieturm von Hogwarts (75969) findet Zaubertrankunterricht statt. Harry ist besser als Hermine, weil sein Buch Notizen des geheimnisvollen Halbblutprinzen enthält. Geschummelt!

GINNY WEASLEY

DINNERGAST

GINNY, DIE JÜNGSTE Weasley, ist jetzt im fünften Jahr, daher wirken ihre Minifiguren nun älter. Ihr Mut und ihre Fähigkeiten fallen Professor Slughorn auf. Er lädt sie zu seinen exklusiven Abendessen ein. Auch Profiteroles (Windbeutel) gehören zum Menü.

ZAUBERAKTE

JAHR: 2020

SET: 71028: LEGO Harry Potter Serie 2

ZUBEHÖR: Nachtisch aus Profiteroles

SÜSSE LECKEREI
Ginny ist als Mitglied des „Slug-Klubs" zur Weihnachtsparty eingeladen. Dort fließen Met und sogar ein Schokoladenbrunnen in Strömen. Aber die Drachenbällchen sollte man meiden!

WEIHNACHTEN
Nach der Weihnachtsparty fährt Ginny nach Hause zum Fuchsbau. Da sie nun im fünften Jahr ist, haben diese beiden Minifiguren normal lange, bewegliche Bein-Elemente.

NEVILLE LONGBOTTOM

SERVIERER IM SLUG-KLUB

Dieses glattere Haar-Element mit Seitenscheitel hat auch Nevilles Minifigur von 2020 mit dem *Monsterbuch der Monster*.

Kellneruniform mit weißen Handschuhen

ZAUBERAKTE

JAHR: 2020

SET: 75969: Astronomieturm auf Schloss Hogwarts

ZUBEHÖR: Tablett und Glas, Flasche

WUSSTEST DU SCHON?

Seit Neville ein Baby war, liegen seine Eltern wegen Voldemort im St. Mungo Krankenhaus für Magische Krankheiten und Verletzungen. Seine Großmutter Augusta Longbottom hat ihn erzogen. Sie ist zwar streng, aber letztendlich doch sehr stolz auf ihn.

GUTER SERVICE

Professor Slughorn übersieht Nevilles Fähigkeiten, aber dem macht es nichts aus, zu servieren. Es hätte schlimmer kommen können: Ein anderer muss nämlich in der Toilette die Handtücher anreichen.

MANCHE SCHÜLER sind eingeladen, andere servieren die Getränke. Der Professor interessiert sich zunächst für Neville, weil seine Eltern es tapfer mit Voldemort aufnahmen, aber dann ist er ihm doch zu schüchtern und ungelenk. Er darf nur die Getränke reichen.

BLAISE ZABINI

ARROGANTER SCHÜLER IM HAUS SLYTHERIN

WUSSTEST DU SCHON?

Blaise wird wütend, wenn Draco wegen seiner Beziehungen zum Dunklen Lord angibt. In einigen Dingen denkt Blaise zwar ähnlich wie Voldemort, aber er verachtet seine Gefolgsleute.

ZAUBERAKTE

JAHR: 2023

SET: 76410: Hausbanner Slytherin™

ZUBEHÖR: Zauberstab, Besen

DIE COOLEN KIDS
Viele Slytherins wollen so cool sein wie der arrogante Blaise (aber nicht alle). Im großen, kerkerartigen Gemeinschaftsraum gibt er voller Verachtung und eisiger Gefühlskälte gegenüber anderen den Ton an.

BLAISE IST PRIVILEGIERT und hat gute Verbindungen. Kaum jemand beeindruckt ihn – nicht einmal Draco Malfoy. Wie Salazar Slytherin hält er Reinblüter für überlegen. Daher geht er davon aus, dass er zum Slug-Klub eingeladen wird – und er behält Recht.

DRACO MALFOY

NEUER REKRUT FÜR DIE TODESSER

DRACO trägt im sechsten Jahr eine erdrückende Last. Sein Vater sitzt als Todesser in Askaban. Nun muss er Voldemorts Aufträge erfüllen. Der Dunkle Lord ist wütend und bestraft die Malfoys, indem er Draco eine scheinbar unlösbare Aufgabe überträgt.

FAULER APFEL
Draco testet die Verschwindekabinette, die er reparieren muss. 2022 kommt seine Minifigur in einem Anzug in die Schule, der aussieht wie der eines Todessers mit einem Schuss Slytherin.

SCHWIERIGE AUFGABE
Draco löst alle Probleme und schmuggelt Todesser ins Schloss. Er repariert ein Paar Verschwindekabinette, wodurch sich ein Durchgang zwischen Borgin und Burkes und der Schule eröffnet.

ZAUBERAKTE

JAHR: 2020

SET: 75969: Astronomieturm auf Schloss Hogwarts

ZUBEHÖR: Besen, Zauberstab

MOLLY WEASLEY

FAMILIENOBERHAUPT IM FUCHSBAU

Alle drei Molly-Minifiguren haben ein charakteristisches Haar-Element.

Handgestrickte Jacke, verziert mit vielen verschiedenen Häkelblumen

Die Jacke wird mit einer Kordel geschnürt.

ZAUBERAKTE

JAHR: 2020

SET: 75980: Angriff auf den Fuchsbau

ZUBEHÖR: Zauberstab, Teekanne, Besen

MOLLY WEASLEY hält den Fuchsbau in Ordnung. In ihrem gemütlichen Heim zieht sie sieben Kinder groß und heißt auch Harry und andere willkommen. Oft kommen alte Freunde wie Remus Lupin und die Aurorin Tonks zum Essen.

NEUES ZUHAUSE

Im Haus am Grimmauldplatz 12 (76408) trägt Mollys Minifigur Baumwollprint. Mit viel Arbeit bringt Molly das Haus auf Vordermann und schafft einen Zufluchtsort für ihre Familie und den Orden des Phönix.

UNGLAUBLICHE UHR

Das beste Stück in der Küche ist Mrs. Weasleys Zauberuhr. Sie zeigt nicht die Uhrzeit, sondern wo sich jedes Familienmitglied befindet, zum Beispiel zu Hause, in der Arbeit, unterwegs – Hauptsache nicht in Lebensgefahr.

ARTHUR WEASLEY

RONS VATER

DER VATER von Ginny, Ron, Fred, George, Percy, Bill und Charlie arbeitet im Zaubereiministerium. Außerdem ist er Mitglied im Orden des Phönix, also in der Geheimgesellschaft, die sich Voldemort entgegenstellt, was unglaublich gefährlich ist.

ZAUBERAKTE

JAHR: 2020

SET: 75980: Angriff auf den Fuchsbau

ZUBEHÖR: Zauberstab, Teetasse

MUGGEL-ARTEFAKTE

In seinem Büro sammelt Mr. Weasley nach Herzenslust Dinge von Muggeln wie Flugzeuge, eine Plastikente oder ein Radio. Er liebt es, daran herumzubasteln, weil er wissen will, wie sie funktionieren.

GESCHNIEGELT

Als Leiter des Büros zur Ermittlung und Beschlagnahme gefälschter Verteidigungszauber und Schutzgegenstände trägt Mr. Weasley einen dreiteiligen, grauen Nadelstreifenanzug.

BELLATRIX LESTRANGE

VOLDEMORTS EIFRIGSTE GETREUE

Das kunstvolle, asymmetrische Haar-Element tragen nur die beiden Bellatrix-Minifiguren.

DRACO MALFOYS TANTE

Bellatrix Lestrange unterstützt Voldemort mit großer Hingabe. Sie will unbedingt seine treueste Dienerin sein und von ihm gelobt werden. Die gefährliche Hexe ist gern grausam zu anderen Menschen.

GEFÄNGNISKLEIDUNG

In Askaban rasselt Bellatrix mit den Ketten – und LEGO Handschellen. Sie sitzt ihre Strafe nicht ab, sondern flieht bei einem Massenausbruch Dunkler Hexen und Zauberer.

Kleid mit reichen Silberstickereien

Korsett aus vernähten Lederstücken

ZAUBERAKTE

JAHR: 2020

SET: 75980: Angriff auf den Fuchsbau

ZUBEHÖR: Zauberstab

DÜSTERER WINTER

Diesmal wird Weihnachten kein Fest der Liebe, sondern eins zum Vergessen. In einer Wolke aus dunklem Rauch überfällt Bellatrix die Weasleys in ihrem Fuchsbau.

FENRIR GREYBACK

BARBARISCHER WERWOLF

FENRIR ist kein gewöhnlicher Mensch, sondern ein Werwolf. Eigentlich verwandeln sich Werwolf-Hexen und -Zauberer nur bei Vollmond, aber Greyback hat immer die Gestalt eines Wolfs. Er liebt diese Art zu Leben und genießt seine Stärke und Macht.

ZAUBERAKTE

JAHR: 2020

SET: 75980: Angriff auf den Fuchsbau

ZUBEHÖR: Zauberstab

VERFOLGUNGSJAGD
Gemeinsam mit Bellatrix jagt Fenrir Harry und Ginny durch die Kornfelder rund um den Fuchsbau. Seine Sinne sind so scharf wie die eines Tiers.

WUSSTEST DU SCHON?

Das Wort „Lycanthropie" steht für die Verwandlung in einen Werwolf. Hexen und Zauberer werden zu Werwölfen, wenn sie von einem solchen gebissen werden, der sich bei Vollmond verwandelt hat.

KAPITEL SIEBEN

HARRY POTTER UND DIE HEILIGTÜMER DES TODES™

WÄHREND IHRE FREUNDE das letzte Schuljahr in Hogwarts verbringen, spüren Harry, Ron und Hermine Horkruxe auf und zerstören sie, denn jeder einzelne enthält einen Teil von Voldemorts Seele. Einmal müssen sie dazu sogar ins Zaubereiministerium eindringen.

MAFALDA HOPFKIRCH

ASSISTENTIN IM BÜRO GEGEN MISSBRAUCH DER MAGIE

MAFALDA HOPFKIRCH, die im Zaubereiministerium arbeitet, wird in den Plan von Harry, Ron und Hermine verwickelt. Sie stehlen das Medaillon von Umbridge: Es ist eines der Dinge, die sie zerstören müssen, um Voldemort zu schaden.

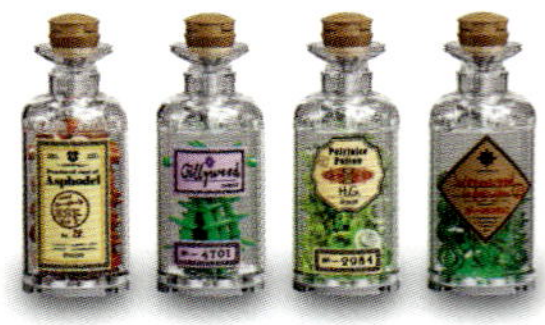

VERWANDLUNGS-TRANK
Hermine braut Vielsafttrank (im Set 76391 mit Blutegel-Infusion, Knöterich und Dianthuskraut). Damit verwandelt sie sich in Mafalda Hopfkirch.

LAUF!
Die Kopfrückseite zeigt Hermines Gesicht. Zum Set gehört auch Hermines Haar-Element, damit sie wie sie selbst aussieht, wenn die Wirkung des Vielsafttranks nachlässt.

ZAUBERAKTE

JAHR: 2022

SET: 76403: Zaubereiministerium

ZUBEHÖR: Schwarze Aktentasche, Zauberstab

REGINALD CATTERMOLE

MITARBEITER IN DER ZAUBEREI-ZENTRALVERWALTUNG

Wasserflecken vom Regen in Yaxleys Büro

ZAUBERAKTE

JAHR: 2022

SET: 76403: Zaubereiministerium

ZUBEHÖR: Zauberstab

RON hat bei seiner Verwandlung Pech bei der Personenwahl. Er gelangt zwar ins Ministerium, aber Mr. Cattermoles Muggelgeborene Frau Mary steht vor Gericht. Reg muss den Regen in Yaxleys Büro stoppen – das Urteil über Mary hängt davon ab.

Die Wollweste ist nicht so modisch wie die Anzüge seiner Vorgesetzten.

Der dünne, graue Mantel zeigt, dass Cattermole in der Zauberei-Zentralverwaltung arbeitet.

ROT SCHEINT DURCH

Rons Gesicht auf der Rückseite lächelt verlegen. Es zeigt den Moment, wo die Wirkung des Vielsafttranks nachlässt. Mary küsst Ron, weil sie ihn immer noch für ihren Mann hält.

GUT ORGANISIERT

Die Zauberei-Zentralverwaltung sorgt für reibungslose Abläufe im Ministerium, von der Reinigung der Fußböden bis hin zum Wetter, das vor den verzauberten Fenstern zu sehen ist.

ALBERT RUNCORN

MINISTERIUMSMITARBEITER, DER MUGGEL NICHT MAG

Die strenge Miene zeigt, wie unbarmherzig er gegen Muggel-Geborene unter den Hexen und Zauberern ist.

Ministeriums-Anstecker

Lange, schwarze Lederjacke über dem Anzug

ZWEI GESICHTER
Harrys Tarnung fliegt auf, als die Wirkung des Vielsafttranks nachlässt. Wenn sich Runcorns Minifigur-Kopf dreht, sieht man Harrys erschrockenes Gesicht. Harrys Haar-Element liegt auch bei.

VOR ALLER AUGEN
Harry verwandelt sich in den ruppigen Runcorn, um ins Ministerium zu gelangen. Er kann sich leicht überall Zutritt verschaffen, da alle Mitarbeiter ihn fürchten.

IN HARRYS SIEBTEM JAHR hat Voldemort das Ministerium unter seine Kontrolle gebracht. Einige Mitarbeiter bleiben, um Schlimmeres zu verhindern, aber viele sind dadurch selbst in Gefahr. Leute wie Albert Runcorn arbeiten aktiv gegen Muggel-Geborene.

ZAUBERAKTE

JAHR: 2022

SET: 76403: Zaubereiministerium

ZUBEHÖR: Zauberstab

CORBAN YAXLEY

TODESSER IM MINISTERIUM

Das lange, blonde Haar ist zu einem Pferdeschwanz gebunden und kommt in dieser Farbe zum ersten Mal vor.

DIESER TODESSER aus Voldemorts engstem Kreis kontrolliert den Zaubereiminister mit dem Imperius-Fluch. Als Abteilungsleiter der Magischen Strafverfolgung ist es sein Ziel, all jene aus der Welt der Zauberer zu tilgen, die keine Reinblüter sind.

ZAUBERAKTE

JAHR: 2022

SET: 76403: Zaubereiministerium

ZUBEHÖR: Zauberstab

Die teure Kleidung zeigt Yaxleys Vorliebe für Luxus und Macht.

Goldene Taschenuhr – Yaxley gibt Mr. Cattermole eine Stunde Zeit, um den Regen zu stoppen.

UNERWÜNSCHTER NR. 1

Das Ministerium druckt Propaganda gegen Muggel ebenso wie stapelweise Flugblätter, auf denen Harry als „Unerwünschter Nr. 1" gesucht wird – für 10 000 Galleonen als Belohnung.

ABLENKUNG

In diesem Ministeriums-Set bilden drei winzige LEGO® Elemente den Knaller, mit dem Harry eine Ablenkung schafft. Knaller trippeln davon und explodieren mit lautem Getöse und Rauch.

PIUS THICKNESSE

MARIONETTEN-ZAUBEREIMINISTER

PIUS THICKNESSE war ein normaler, aber einflussreicher Mitarbeiter im Ministerium, bis ihn der Todesser Corban Yaxley mit dem Imperius-Fluch unter seine Kontrolle brachte. Er ist nun als Zaubereiminister eine Marionette von Lord Voldemort.

Besorgte Miene, da sein Verstand von anderen gelenkt wird.

Ministeriums-Anstecker

Dreiteiliger Nadelstreifenanzug kennzeichnet ihn als den höchsten Zauberer im Ministerium.

HASSFIGUR

Das neue Denkmal „Magie ist Macht" ersetzt den „Brunnen der magischen Geschwister". Das zeigt deutlich, dass die Regierung nun Reinblüter für überlegen hält und alle anderen nicht toleriert.

ZAUBERAKTE

JAHR: 2022

SET: 76403: Zaubereiministerium

ZUBEHÖR: Braune Aktentasche mit Zeitumkehrer, Zauberstab

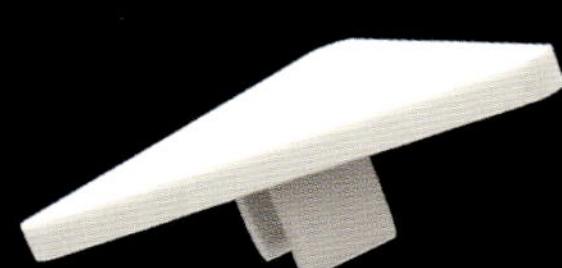

ZAUBER-MEMOS

Die Mitarbeiter im Ministerium schicken fliegende Memos zwischen den Abteilungen hin und her. Früher hatten sie Eulen, aber das brachte Schmutz mit sich – ihr Kot fiel auf alle Schreibtische!

MARY CATTERMOLE

HEXE VOR GERICHT

Schwarze Version des blonden und roten Haar-Elements von Supergirl und Poison Ivy (Themenwelt LEGO® DC Super Heroes).

Marys anderes Gesicht blickt angstvoll, weil sie zur Anhörung muss.

Schickes Kleid und Mantel für einen guten Eindruck vor Gericht

WIE VIELE HEXEN und Zauberer stammt Mary Cattermole aus einer Muggelfamilie. Nun, da Dunkle Kräfte das Ministerium lenken, werden Personen mit Muggelblut nicht mehr geduldet. Daher steht Mary vor Gericht und muss vielleicht nach Askaban.

ZAUBERAKTE

JAHR: 2022

SET: 76403: Zaubereiministerium

ZUBEHÖR: Keins

SCHAUPROZESS
Als Vorsitzende der Registrierungskommission für Muggelstämmige leitet Dolores Umbridge die Anhörung. Ihr Katzen-Patronus schirmt sie vor den patrouillierenden Dementoren ab.

WUSSTEST DU SCHON?

Mary ist mit Mr. Cattermole verheiratet, der im Ministerium arbeitet. Ihre Kinder sind Maisie, Ellie und Alfred. Als Harry, Ron und Hermine die Anhörung unterbrechen, flieht sie, kann aber nicht nach Hause zurückkehren.

GRIPHOOK

KOBOLD AUS DER ZAUBERERBANK GRINGOTTS

SICHER AUFBEWAHRT

Harry hat Griphook bereits bei seinem ersten Besuch in der Winkelgasse, vor dem ersten Schuljahr, getroffen. Hagrid nahm Harry mit zur Bank, um Gold zu holen, und der Kobold fuhr ihn im Wagen zu seinem Verlies.

AM SCHALTER

Im Harry Potter Adventskalender 2021 (76390) trägt Griphook eine rote Version der Gringotts-Uniform. So hat ihn Harry erstmals kennengelernt.

FÜR KOBOLDE herrschen schwere Zeiten, da ihre Kultur und ihr Ehrenkodex anders sind als die der Zauberer. Kein Wunder, dass Griphook unzufrieden ist. Er hilft Harry beim Einbruch in Gringotts, aber die Folgen eines Pakts mit einem Kobold sind unvorhersehbar.

ZAUBERAKTE

JAHR: 2020

SET: 71028: LEGO Harry Potter Serie 2

ZUBEHÖR: Gryffindors Schwert, Schlüssel

DIE GRAUE DAME

GESPENST DES RAVENCLAW-TURMS

ZAUBERAKTE

JAHR: 2023

SET: 76413: Hogwarts™ Raum der Wünsche

ZUBEHÖR: Ravenclaws Diadem

DIE DRITTE Gespenster-Minifigur in der Harry Potter Themenwelt ist die Graue Dame von Ravenclaw. Sie hieß Helena und ihr tragisches Leben war, wie ihr Tod, von Eifersucht und Wut bestimmt. Haus Ravenclaw ist nach ihrer Mutter Rowena Ravenclaw benannt.

GRAUZONE
Niemand, der noch lebt, hat je das verschollene Diadem von Ravenclaw gesehen, doch ein Gespenst hilft Harry es zu zerstören: Die scheue Helena Ravenclaw weist ihm den Weg.

WUSSTEST DU SCHON?

Helena stahl das verzauberte Diadem von ihrer Mutter, weil sie neidisch war. Es galt jahrhundertelang als verschollen, doch Tom Riddle schmeichelte Helena und überredete sie, ihm das Versteck zu verraten. Er verwandelte es in einen Horkrux.

VOLDEMORT

DER, DESSEN NAME NICHT GENANNT WERDEN DARF

Schlangenähnliche Gesichtszüge

Die Hand kann Nagini greifen.

Den grünen Umhang trägt er erstmals, als er am Ende von Harrys fünftem Jahr im Ministerium auf Dumbledore trifft.

VOLDEMORT, in schlangengrünem Umhang, ist nun stärker denn je. Er hat seine Seele in Stücke gerissen und sie in sieben Horkruxen versteckt. Harry beseitigt so viele, wie er kann, und stellt sich ihm. Die Prophezeiung besagt, dass nur einer überleben wird.

ZAUBERAKTE

JAHR: 2018

SET: 71022: LEGO® Harry Potter™ und Phantastische Tierwesen

ZUBEHÖR: Nagini, Zauberstab

VOLDEMORTS ARMEE
Voldemort will die Welt der Zauberer beherrschen und ruft viele gefährliche Wesen zu Hilfe, darunter auch die Dementoren, die zuvor als Wächter des Gefängnisses von Askaban tätig waren.

NAGINI
Voldemort hält die Schlange immer in seiner Nähe. Für ihn ist sie mehr als ein Haustier: Nagini ist ein Horkrux und beinhaltet einen Teil der Seele des Dunklen Lords. Er verständigt sich mit ihr durch Telepathie.

NEVILLE LONGBOTTOM

HELD UND HORKRUX-BESEITIGER

Gryffindors Schwert ist mit Basiliskengift getränkt, sodass es gegen Horkruxe hilft.

Neville hat einen entschlossenen, mutigen Gesichtsausdruck.

Der ungewöhnliche Held trägt eine Strickjacke mit Fair-Isle-Muster.

FEUERSTURM
Dämonsfeuer ist kein gewöhnliches Feuer. Die Flammen verwandeln sich in feurige Monster wie Schlangen und Drachen. Sie brennen so heiß, dass sie das Horkrux-Diadem unschädlich machen.

WUSSTEST DU SCHON?

Als Voldemort und die Todesser die Schule stürmen, kommt es zur Schlacht von Hogwarts. Nicht alle werden sie überleben, doch sie führt das Ende des Zweiten Zaubererkriegs herbei.

ZAUBERAKTE

JAHR: 2022

SET: 76404: LEGO Harry Potter Adventskalender

ZUBEHÖR: Gryffindors Schwert

FÜR DUMBELDORES ARMEE ist der Moment gekommen, um sich zu beweisen. In der Schlacht von Hogwarts fällt dem angeschlagenen Neville eine besondere Aufgabe zu: Er besiegt Nagini, den letzten Horkrux. Danach ist der Dunkle Lord verwundbar.

NÄCHSTE GENERATION

HARRYS EIGENE FAMILIE

ES IST DER 1. SEPTEMBER, 19 Jahre nach dem endgültigen Sieg über Voldemort. Harry ist wieder am Bahnhof King's Cross. Diesmal aber fährt nicht Harry selbst mit dem Hogwarts-Express, sondern er bringt seine Kinder zum Zug.

HARRY POTTER
Harry heiratet Ginny Weasley und wird Auror: Er jagt Dunkle Zauberer. Auch Ron und Hermine arbeiten im Ministerium und Hermine steigt sogar zur Zaubereiministerin auf.

ZAUBERAKTE

JAHR: 2022

SET: 76405: Hogwarts Express – Sammler-edition

ZUBEHÖR: Keins

GINNY POTTER
Nach der Schule wird Ginny Journalistin. Sie arbeitet beim *Tagespropheten* und reist als Sonderkorrespon-dentin für Quidditch um die ganze Welt.

JAMES SIRIUS POTTER

James wurde nach Harrys Vater und Paten benannt. Er freut sich, dass das neue Schuljahr losgeht und kann es kaum abwarten in den Zug nach Hogwarts zu steigen.

Das Haar-Element ist sogar noch strubbeliger als Harrys früher.

Seine Alltagskleidung wird James im Zug gegen den Gryffindor-Umhang austauschen.

Als ältestes Kind hat James als Einziger in der Familie ein drei Viertel langes Bein-Element.

ALBUS SEVERUS POTTER

Albus fährt zum ersten Mal nach Hogwarts und ist nervös und aufgeregt. Er ist zwei Jahre jünger als sein Bruder und wurde nach zwei bedeutenden Schulleitern von Hogwarts benannt.

Haar-Element von seinem Onkel Ron, aber in Harrys Haarfarbe

Erst wenn der Sprechende Hut ihn zuteilt, bekommt Albus den Umhang seines Hauses.

LILY LUNA POTTER

Lily ist die Jüngste und trägt den Namen ihrer Großmutter. Wie früher ihre Mutter muss auch sie zusehen, wie ihre Brüder zur Schule fahren. Sie selbst muss noch zwei Jahre warten.

Haar-Element mit Spange, wie früher bei Ginny

Gleicher Aufdruck wie bei der Minifigur ihrer Mutter im ersten Jahr

Kurzes Bein-Element, denn Lily ist bisher die jüngste Minifigur in der LEGO Harry Potter Themenwelt.

KAPITEL ACHT

PHANTASTISCHE TIERWESEN™

JEDER SCHÜLER IN HOGWARTS KENNT das Lehrbuch *Phantastische Tierwesen und wo sie zu finden sind*, aber wenige wissen etwas über dessen Verfasser. Der begeisterte Magizoologe Newt Scamander wollte vor etwa 100 Jahren den Menschen die wunderbaren Wesen der Zauberwelt nahebringen.

NEWT SCAMANDER

MAGIZOOLOGE

IN DEN 1920ER-JAHREN erforscht, rettet und schützt dieser Magizoologe magische Wesen. Er erklärt den Zauberern alles über sie und schreibt sogar ein Buch mit dem Titel *Phantastische Tierwesen und wo sie zu finden sind*.

Niffler sind kleine Pelztiere, die eifrig alles sammeln, was irgendwie glänzt.

Der Kofferdeckel ist das LEGO Buchcover-Element.

ZAUBERAKTE

JAHR: 2018

SET: 71022: LEGO® Harry Potter™ und Phantastische Tierwesen

ZUBEHÖR: Koffer, Niffler

GESCHÜTZTER RAUM

Newt reist mit einem Koffer nach New York, dessen äußerer Schein trügt: Er enthält eine Werkstatt und zahlreiche Lebensräume für die vielen in ihm umherstreifenden Kreaturen.

FREUND ALLER KREATUREN

Hier krempelt Newts Minifigur die Ärmel hoch, denn er will die Tiere versorgen. Er muss sie täglich füttern, beruhigen und pflegen, denn schließlich sollen sie bei ihm gesund und in Sicherheit leben.

TINA GOLDSTEIN

AURORIN FÜR DEN MACUSA

Glockenhut im Stil der 1920er-Jahre auf Haar-Element

Der zweite Gesichtsausdruck ist ärgerlich.

Bei der ersten Begegnung mit Newt isst Tina einen Hotdog.

PORPENTINA „TINA" GOLDSTEIN arbeitet für den MACUSA – den Magischen Kongress der Vereinigten Staaten von Amerika. Sie sorgt dafür, dass in New York keine Dunkle Magie ausgeübt wird und die Zauberwelt vor den Muggeln geheim bleibt.

STADT-SAFARI
Ohne Mantel und Hut hilft Tina bei der Suche nach den Tierwesen aus Newts Koffer der magischen Kreaturen (75952). Sie verletzen nämlich das Internationale Geheimhaltungsstatut.

ZAUBERAKTE

JAHR: 2018

SET: 71022: LEGO® Harry Potter™ und Phantastische Tierwesen

ZUBEHÖR: Hotdog, Zauberstab

OCCAMYS
Die lebhaften Occamys passen ihre Größe dem verfügbaren Raum an, egal ob riesiges Kaufhaus oder kleines Gefäß. Als einer aus Newts Koffer schlüpft, lockt Tina ihn in eine Teekanne und fängt ihn so.

QUEENIE GOLDSTEIN

AMERIKANISCHE LEGILIMENTORIN

QUEENIE ARBEITET wie ihre Schwester Tina für den MACUSA, aber in dem ruhigen Zauberstab-Lizenzierungsbüro. Sie ist Legilimentorin und kann Gedanken lesen. Sie ist meist freundlich und rücksichtsvoll, aber manchmal nutzt sie ihre Fähigkeit auch aus.

Apfel-Rosinen-Strudel, frisch mit dem Zauberstab gebacken

So ein flatternder Saum ist um 1920 sehr in Mode.

Mehrfarbig gegossene Beine, bedruckt mit schwarzen, hochhackigen Pumps

ZAUBERAKTE

JAHR: 2018

SET: 71022: LEGO® Harry Potter™ und Phantastische Tierwesen

ZUBEHÖR: Zauberstab, Strudel

ZARTES PINK
Queenies in mehreren Pinkschattierungen bedruckte Minifigur hilft Newt, die Tiere aufzuspüren. Sie trägt einen Mantel mit einem breiten Samtkragen im Stil der 1920er-Jahre.

AUFBRAUSENDES WESEN
Das nashornartige Erumpent liebt weite Ebenen, Bäume und Wasser. In New York geht es daher nach seiner Flucht in den Central Park. Zurück in Newts Koffer wird es von Queenie gefüttert.

JACOB KOWALSKI

EIN NO-MAJ IN NEW YORK

Dunkelbraune Version von Cedric Diggorys Haar-Element

Anzug für den Termin in der Bank: Jacob braucht einen Kredit für seine Bäckerei.

Da Jacobs Koffer wie Newts aussieht, werden sie verwechselt.

ZAUBERAKTE

JAHR: 2018

SET: 71022: LEGO® Harry Potter™ und Phantastische Tierwesen

ZUBEHÖR: Koffer mit zwei Gebäckstücken

LIEBLING DES ERUMPENT

Newts entlaufenes Erumpent mag Jacob und läuft ihm im Central Park hinterher. Gut, dass Jacob eine gepolsterte Weste und einen Helm mit Kinnriemen hat.

JACOB KOWALSKI ist ein „No-Maj" – das amerikanische Wort für Muggel. Er träumt von einer eigenen Bäckerei. Verblüfft lernt er die Welt der Zauberer kennen, als er Newt Scamander trifft und in sein Abenteuer hineingezogen wird.

DONNERVOGEL

Newt kam eigentlich nach Amerika, um den Donnervogel Frank in seine Heimat Arizona zurückzubringen. Er fand ihn angekettet in Ägypten und will ihn jetzt wieder freilassen.

PERCIVAL GRAVES

VERKÖRPERUNG VON GRINDELWALD

PERCIVAL GRAVES ist zwar Direktor der Magischen Sicherheit im MACUSA, doch er schützt niemanden. Der Dunkle Zauberer Gellert Grindelwald dringt mithilfe seiner Fähigkeit zur Gestaltwandlung als Graves ins Amerikanische Zaubereiministerium ein.

WUSSTEST DU SCHON?

Graves hat im MACUSA eine so hoch gestellte Position, dass niemand ihm widerspricht, als er Tina Goldstein und Newt Scamander zum Tod verurteilt. Zum Glück können beide entkommen und am Ende seine wahre Identität aufdecken.

KLEINE ANZEICHEN

In dieser Serie der Harry Potter Minifiguren ist Graves mit Hinweisen versehen: ein weißes Haar-Element und ein zweiter Gesichtsaufdruck von Gellert Grindelwald!

ZAUBERAKTE

JAHR: 2018

SET: 71022: LEGO® Harry Potter™ und Phantastische Tierwesen

ZUBEHÖR: Zauberstab

GELLERT GRINDELWALD

DUNKLER ZAUBERER

EINE GENERATION VOR Voldemort fürchtete man vor allem einen Namen: Gellert Grindelwald. Etwa um 1920 wollte er das Internationale Geheimhaltungsstatut brechen und mit aller Macht die Herrschaft der Zauberer und Hexen über die Muggel herbeiführen.

ZAUBERAKTE

JAHR: 2018
SET: 75951: Grindelwalds Flucht
ZUBEHÖR: Zauberstab, Gefechtszauber

FLÜCHTIGER ZAUBERER
Als Grindelwald im Gewahrsam des MACUSA ist, soll er per Hochsicherheitskutsche aus dem Gefängnis zur Gerichtsverhandlung nach Europa überstellt werden. Doch stattdessen gelingt ihm die Flucht.

WUSSTEST DU SCHON?

Grindelwalds Schule war Durmstrang. In seiner Jugend – als seine Absichten noch nicht vollständig bekannt waren – war er ein guter Freund von Albus Dumbledore.

DK | Penguin Random House

Lektorat Laura Palosuo, Paula Regan, Mark Searle, Claire Lister
Gestaltung und Bildredaktion David McDonald, Jo Connor, Andrew Fishleigh
Herstellung Siu Yin Chan, Lloyd Robertson
Packager Dynamo Limited

Für die deutsche Ausgabe:
Verlagsleitung Monika Schlitzer
Programmleitung Heike Faßbender
Projektbetreuung Sebastian Twardokus
Herstellungsleitung Dorothee Whittaker
Herstellungskoordination Bettina Bähnsch
Herstellung Christine Rühmer

Titel der englischen Originalausgabe:
LEGO® Harry Potter™ Character Encyclopedia

Manufactured by Dorling Kindersley, One Embassy Gardens, 8 Viaduct Gardens, London SW11 7BW, under licence from the LEGO Group.

1. Auflage, 2023

Übersetzung Birgit Reit
Lektorat Susanne Böse

ISBN 978-3-8310-4778-9

Druck und Bindung Leo Paper Products, China

MIX Papier | Fördert gute Waldnutzung FSC® C018179

www.dk-verlag.de